図解! 本気の製造業

「DX推進のお金の流れと原価管理」

吉川武文【著】

日刊工業新聞社

正直なところ、今までの DX は捉えどころがなかった。

✔ まず、「デジタルファースト」

　データの流れが全て！と言いながら、発端は 2025 年の崖（SAP-ERP の保守期限切れ）問題だった。ERP の置き換えならお金の流れの問題だ。そもそも、それをずっと放ったらかしにしてきたからこそ、レガシーシステムなんてものができあがってしまったのではなかったか？　今また、同じ失敗を繰り返していけない。

✔ 次に、「トランスフォーメーション」

　デジタルビジネスを始めよ！と言ってみたり、小さな業務からまず DX せよ！と言ってみたり。でも、どんなに最先端の IT 機器を導入したって、小さな業務改善の積み重ねでは、会社の経営は絶対にトランスフォーメーションしないだろう。

✔ そもそもデジタルビジネスって言うけど

　自社工場と自社製品というリアルを抱えた **製造業** はどうしたらよいのか？
　「まず理想の会社がどうあるべきかを考え、それを IT で実現する」でなければ！
　そのためには WHAT が重要。　本書は DX の WHAT に光を当てます。

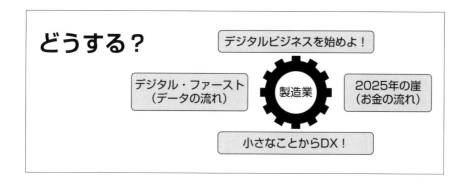

今までHOWばかりが語られてきた
しかし本当に難しいのはWHAT

DX
Digital Transformation
デジタルで、会社を変える

デジタル（HOW）は、わかった！
じゃあ、どう会社を変えるのか（WHAT）？

2025 年の崖までのタイムライン

2018 年	DX レポート 「2025 年の崖」	
2021 年		問題の認識、WHAT の明確化
2022 年		新しい業務フローの先行テスト
2023 年		サブシステム開発（リアルタイム系）
2024 年		サブシステム立上（アジリティ確立）
2025 年	SAP ERP 保守サポートの期限	コアシステム開発（月次処理系）
2026 年	2 年延長	コアシステム立上（脱予算）
2027 年	SAP ERP 保守サポートの期限	AI ナビゲーター開発
2028 年		AI ナビゲーター立上

DX で、理想の会社を作る！

インターネットで先進国と発展途上国の差はなくなった。今や世界中が先進国と同じ豊かさを目指すライバルだ。そこに人口爆発や、資源争奪や、異常気象が加わった。国際関係は緊張する一方で、ビジネスの舵取りはますます難しくなる。そこにとどめを刺すのが DX だ。このディープインパクトは勝者をさらに勝者にし、敗者をさらに敗者にする。生き残る者と滅びる者を決定的にわけるだろう。

「うちも DX をやらなければ！　さて、何からやろうか？」

DX は誤解されている。DX で目指すのはペーパーレス化とか、業務改善といった「ちっぽけ」なことじゃない。意思決定のやり方を変え、会社の姿を変えなければならない。社会のトレンドを読み、取り扱う商品やサービスの姿をどんどん変えていかなければならない。しかし…身軽な IT ベンチャーはともかくも、自社工場や自社製品というリアルを抱える製造業はどうすればよいのか？　もちろん製造業がやるべき DX はある。キーになるのはお金の流れだ。お金の流れを考えることが、DX で実現する新しい「理想の会社」を考えることになる。

ここで一つご注意いただきたい。それは、「どう実現する（HOW）」は IT 専門家に頼めるが、「なにを実現すべき（WHAT）」を考えるのは自分自身だということだ。そして実は WHAT がいちばん難しい。そこで本書では WHAT のヒントを提供する。それは工場経営者であり、公認会計士であり、ネットワークスペシャリストでもある私自身が、今までずっと実現したかったことである。

吉川武文

目次

進化するか？　絶滅するか？

推進 STEP.1
いったい何をやればよいのか?

What You Want?

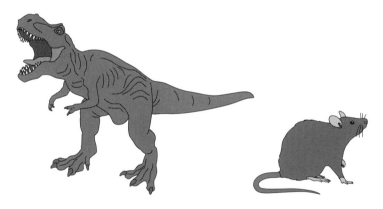

Dinosaur's way ← → Mammal's way

No.001 | DX レポート「2025 年の崖」

◆2025 年の崖とは？

　DX 問題の１つの発端は、経済産業省が発表した DX レポート「2025 年の崖」でした。多くの国内製造業が抱える基幹システム（ERP）は、著しく老朽化するともに、個別のカスタマイズによって属人化・ブラックボックス化が進み、維持管理が困難になっています。そこに拍車をかけたのが、SAP ERP の保守サポートの期限が 2025 年（その後延長されて 2027 年）に切れることです。サポートが終了すると、システム障害で業務が永久停止するかもしれません。そもそも、従来の基幹システムではリアルタイムな経営管理が困難でした。とっくに時代遅れ（レガシー）となり、世界から取り残されたシステムに安住してきたことは、それに依存する経営管理そのもののレガシー化の証であり、日本経済の衰退の原因にさえなってきたのです。

◆技術的負債が増大している

　SAP ERP のサポート終了問題は、国内企業における多くの技術的負債の表れの一つに過ぎません。技術的負債とは、たとえば、短期的な視点でシステムを開発・導入し、結果として保守・運用が困難になってしまった状態のことです。多くの会社で、つぎはぎだらけのシステムがほったらかしにされて老朽化し、その運用・保守ができる人材も枯渇してブラックボックス化が進みました。老朽化したシステムの運用・保守は全く魅力的な仕事ではないため、人材育成や補充もままなりません。老朽化とブラックボックス化でいつダウンするかわからない爆弾を抱えた事業リスクの深刻さは計り知れません。そんな状況を背景にして、DX が脚光を浴びているのです。

　信用第一の著名な大企業で深刻なシステム障害が次々と発生しています。進化する力を失った事業、魅力的ではない職務、人材育成の失敗、レガシー化した業務プロセス、ゆっくり死んでいく会社と日本の経済…これは基幹システムだけの問題ではありません。経営の仕組み全体のレガシー化の表れなのです。だからこそ今 DX で取り組むべきことは、絶対に会社全体のトランスフォーメーションでなければなりません。

```
＜技術的負債を放置すると？＞

＊変化に対応できず、デジタル競争の敗者になる
＊システム維持管理費がIT予算の9割以上になる
＊システムトラブルやデータ滅失リスクが高まる
```

No.002 | DX（Digital Transformation）って、なんだ？

◆DXって、なんだ？

ところでDXってなんでしょう？ 経済産業省の「DX推進指標とそのガイダンス」では、デジタルトランスフォーメーション（DX）をこんな風に表現しています。

> 企業がビジネス環境の激しい変化に対応し、データとデジタル技術を活用して、顧客や社会のニーズを基に、製品やサービス、ビジネスモデルを変革するとともに、業務、組織、プロセス、企業文化・風土を変革し、競争上の優位性を確立すること

要するに何なのか？ 一言で言えば、「会社のあるべき姿を考え、デジタル技術で実現していきましょう」ということです。その目的はズバリ「生き残ること」だと言えます。

◆WHAT が納得できていなければ、DX は成功しない

でも正直なところ、従来のDXは掴みどころがありませんでした。D（How）はともかく、X（What）に対する期待値がバラバラだからです。それは、新しいデジタルビジネスの創出といった壮大なものから、出張旅費の承認をペーパーレス化するといった小さな業務改善まで様々です。デジタルファースト（とにかくデジタル化すれば、なんとかなる）というスローガンもありますが、とても危険です。かつて、追い立てられるようにやらされた様々な活動が、日本の製造業に何をもたらしたでしょう？

「時代遅れ！」と言われたくないから疑問は口にできない。でも巨額なIT投資に納得もできていない…。それが、多くの会社におけるDXの現実ではないでしょうか。とはいえ、DXのWHATは会社の経営そのものです。せっかくのDXですから、厳しい環境を生き抜く理想の会社（WHAT）を実現するチャンスと捉え、一歩前に進みましょう。

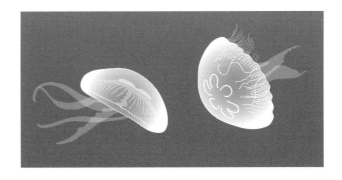

泳いでいるのか？　流されているのか？

DX for Manufacturing!!

No.003 今までの DX に欠けていた議論、お金の流れ

◆自動的にトランスフォーメーションされるわけではない

　今までもさまざまな HOW の流行があり、会社の経営はそれに振り回されてきました。「デジタルファースト／デジタル化すれば、トランスフォーメーションは自動的に実現される」という主張は危険であり、次の新たなレガシーを作り出すだけです。そもそも DX の発端は SAP ERP の保守サポートの期限切れ問題でした。SAP ERP はお金の流れを軸にしたシステムだったのですから、システムの更新もお金の話を抜きにしては語れません。そしてお金の流れを変えていくことこそ、しっかり戦える会社の経営（WHAT）を作り上げるトランスフォーメーションの核心なのです。

◆製造業には、製造業の DX がある！（DX for Manufacturing）

　特に製造業の DX を考える時、そこには製造業に固有の事情があることにも注意が必要です。自社製品・自社工場・研究開発といったリアルを抱える製造業は、流行を追ってデジタルビジネスに気軽に引っ越しというわけにはいかないからです。そもそも、社会のリアルを支え外貨を稼ぐ製造業が日本から消え去ったら大惨事ですが、DX を味方にして厳しい時代を生き残る製造業と、滅びる製造業の道は、はっきりとわかれるでしょう。では、どんな製造業が生き残るのか？

> × デジタルビジネスにひょいひょい引っ越す製造業（たぶん成功しない）
> × 巨額の IT 投資で、小さな業務改善をする製造業（経営は変わらない）
> ○ DX でお金の流れを変え、意思決定の速度と精度を高めた製造業（これが本命）

　製造業の DX は、お金の流れをどうトランスフォーメーションするかを最初に考えなければなりません。デジタルビジネス云々はその後の話です。しかし今までお金の流れに関する議論が少なかったのは、そこにどんな問題があり、それをどうトランスフォーメーションするべきかということについてのイメージが湧かなかったからでしょう。

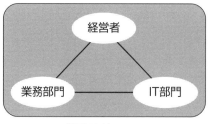

業務改善のDX

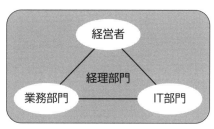

製造業のDX/M

DX for Manufacturing!!

デジタルビジネス創出型 DX
（製造業を捨てるのか？）

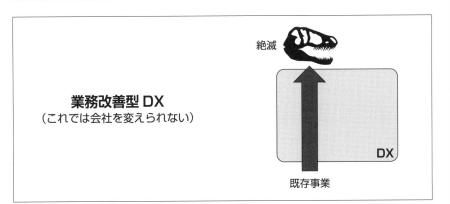

業務改善型 DX
（これでは会社を変えられない）

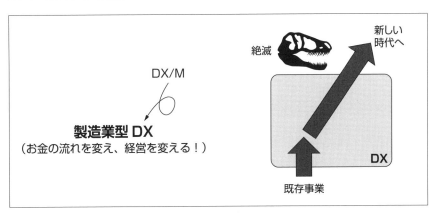

製造業型 DX
（お金の流れを変え、経営を変える！）

　リアルを抱える製造業には、製造業がやるべき DX（すなわち DX/M）があります。まずはこの DX/M に成功しなければ、デジタルビジネスの創出など夢のまた夢です。

No.004 お金の流れを変えなければ、DX をやる意味がない

◆統合基幹システムを流れる情報の軸はお金

改めて言うまでもないことですが、統合基幹システム上では多種多様な情報が流れていきます。そして、その軸となるのがお金の情報です。

- ✔ いくら売れたのか？（①販売管理システム）
- ✔ いくら買ったのか？（②購買管理システム）
- ✔ いくら作ったのか？（③生産管理システム）
- ✔ いくら在庫があるのか？（④在庫管理システム）
- ✔ いくら支払わなければならないのか？（⑤人事給与システム）

上記に加えて⑥財務管理システムの6システムがSAP ERP の中で統合されていたのは、お金という共通軸があったからです。統合された情報は、最終的には売上やコストとして P/L（損益計算書）に表現され、事業成果としての利益を明らかにします。

◆2025 年の崖は氷山の一角

本来、SAP はパッケージシステムですが、多くの導入企業が周辺システムとの連携や使い勝手を理由に大幅なカスタマイズをしてきました。その経緯を知っていた人材が定年退職などでいなくなってしまったことで、システムはブラックボックス化し、重大なリスクとなりました。問題は元々そこにあったのです。2025 年の崖は、それを改めて顕在化したにすぎません。

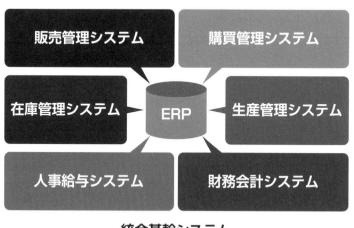

統合基幹システム

No.005	見過ごされてきた、レガシーロジックという問題

◆DX に、どんな計算ロジックを乗せるのか？

　今改めて、2025 年の崖に向かってシステム更新を計画するなら、会社が目指す姿（WHAT）やお金の流れのあるべき形を真剣に考えてみなければなりません。いったん巨額の IT 投資をすれば、これから何十年間もそれを使い続けることになるからです。その間、抜本的な事業革新のチャンスは二度とやってきません。

　ところが、実はお金の流れの根幹である原価計算のロジック（原価計算基準）もまた 1962 年に公表されたままになっていて超レガシー化していることは、今まであまり認識されていなかったのではないでしょうか？　それゆえに、今すぐに活用できるデータさえ活かされず放置されてきたのです。システムだけがどんなにデジタル化されても、そこに乗るロジックや、意思決定の仕組みが超レガシーだったら意味がないということです。このままでは IT システムの刷新だけが自己目的化し、DX は失敗します。

◆このままでは、スピーディーな変化への対応などできはしない

　今日のコスト計算のロジックを決めている原価計算基準が 60 年間ほったらかしになっています。この基準が想定しているのはいわゆる全部原価計算で、変動費に固定費を配賦して原価を計算するというロジックを基本としています。ここでいう配賦計算とは、固定費を製品の生産数で割って配賦額を求めるものですが、分母となる生産数が確定しなければ割り算できない都合から、1 年がかりで行われる超バッチ処理なのです。情報システムだけがリアルタイム化されても、そこに乗る計算ロジックが超バッチ処理のままでは、スピーディーな変化への対応など絶対に（！）不可能です。

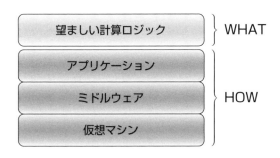

最新の IT に、60 年前の計算ロジックを乗せるのか？

No.006 ┃ レガシーロジックが作り出すレガシーP/L

◆今日のP/Lは税務計算用オンリー

　原価計算ロジックのレガシー化は、それに則って作成されるP/L（損益計算書）の
レガシー化でもあります。本来のP/Lは企業の活動目標となったり、活動実績の評価
に使われたりする大切なものですが、レガシー化したP/Lからは、若干の税務計算用
の数値を除けば、経営管理上必要な情報はほぼ得られない状況にあり、壊滅的です。

> ✔例えば、コストの内訳がわからない。よって適切なコスト管理ができない！
> ✔例えば、原価差異がわからない。よってコストダウンが成功しない！
> ✔例えば、コストの総額がわからない。よって適切な売価が決められない！
> ✔例えば、売上原価と販管費の見わけがつかない。よって費用が逃げ回る！
> ✔例えば、変動費と固定費が分離されない。よって事業計画が立てられない！
> ✔例えば、変動費と固定費が分離されない。よって損益分岐点がわからない！
> 　損益分岐点がわからないから安全余裕率もわからない！
> 　安全余裕率がわからないから経営上の施策の妥当性もわからない！
> ✔例えば、付加価値がわからない。よって生産性もわからない！
> 　生産性がわからないから、生産性を向上させることもできない！などなど

◆これじゃ、まるで目を閉じて運転する車

　レガシー化したP/Lに基づく経営は、いわば目を閉じて車を運転しているような状
態です。いつ事故が起こるかわからないだけでなく、どんな事業に手を出しても目的
地にはたどり着けないでしょう。デジタルビジネス創出など遠い夢です。本当に本気
でDXをやるなら、レガシーロジックやレガシーP/Lを真っ先にトランスフォーメー
ションしなければならないことは明らかです。DXでお金の流れを変えなければなり
ません。お金の流れが変わらなければDX（会社のトランスフォーメーション）では
ありません。

1960年代	原価計算基準	COBOL、電卓
1970年代		パソコン
1980年代	↓	メインフレーム
1990年代		クラサバ
2000年代		モバイル
2010年代	そのまま	クラウド

原価計算とP/Lが、超レガシー化している！

これでどうやって、会社を経営？

売上高	388,463
売上原価	229,256
売上総利益	159,206
販売費および一般管理費	133,313
営業費用	25,893
営業外収益	
受取利息	443
受取配当金	1,631
為替差益	999
持ち分法による投資利益	73
受取賠償金	45
雑収人	963
営業外収益合計	4,157
営業外費用	
支払利息	2,101
雑損失	2,269
営業外費用合計	4,371
経常利益	25,679
特別利益	
固定資産売却益	108
投資有価証券売却益	16
特別利益合計	125
特別損失	
固定資産売却損	77
固定資産除却損	284
減損失	283
投資有価証券評価損	7
事業構造改革費用	3,401
特別損失合計	4,053
税金等調整前当期純利益	21,750

※この P/L のレガシーが見えてこない方は、No.017 を参照してください

No.007 | 会社を蝕む、2つのブラックボックス

◆1つめのブラックボックスは統合基幹システム

　製造業を想定すれば、会社は2つの深刻なブラックボックスに蝕まれています。1つ目のブラックボックスはオンプレミスな統合基幹システムです。ITシステムを構築する際、サーバーやネットワーク機器を購入あるいはリース契約して、自社内に設置し運用するスタイルを「オンプレミス」あるいは「自社運用型」といいます。オンプレミスは自前のシステムなので、要望に合わせて自由にカスタマイズできるメリットがあり、多くの基幹システムがオンプレミスで運用されてきました。しかし自前のカスタマイズの内容は個々の担当者にしかわからないため属人的になりがちで、担当者の引退によってブラックボックス化しているケースが非常に多いのです。

◆2つめのブラックボックスは原価計算

　会社を蝕む2つ目の深刻なブラックボックスは原価計算です。今日の原価計算の主流は全部原価計算ですが、これは製造部門で発生した変動費に、製造部門で発生した固定費を複雑に配賦することによって製造原価（結果的に売上原価になる）を計算するものです。この配賦のロジックも属人的になりがちなのです。そもそも固定費と変動費は全く異なるタイミングで発生するものである以上、相互に因果関係はありません。それを無理やり紐づけて配賦計算するので、後で計算根拠がわからなくなってしまうのです。

　そして、基幹システムと原価計算という2つの属人的業務の問題は、おそらく会社全体に広がっているもっと深刻な病魔のほんの一部に過ぎません。DXは、2つのレガシー（レガシーシステム／レガシーロジック）への取り組みを入り口として、会社の隅々に新しい風を送り込み、会社の基礎体力を回復させる活動だといえるでしょう。

<レガシーロジックの問題>
- ✔固定費配賦のブラックボックス化
- ✔固定費配賦が超バッチ処理
- ✔コストが把握できない
- ✔生産性が把握できない
- ✔事業計画が立てられない

DXは、レガシーロジック更新のラストチャンス

No.008 最も壮大なバッチ処理は「年次予算」

◆現状を変えられないレガシーマインド

改めて考えてみてください。多くの DX 関連のコンテンツには、

「DX で徹底的なコスト削減」

「DX で徹底的な生産性向上」

といった、ふわっとしたフレーズが並んでいます。しかし驚くべきことに、今までコストや生産性がしっかり定義されたコンテンツはほとんどありませんでした。DX で何がどう徹底されるのか？　それが曖昧なまま最新のデジタル機器を導入しても、データは活かされず次のレガシーができあがるだけです（再レガシー化）。こうした現状を具体的に変えられないレガシーマインドを解消するための最善の方法は、会社の意思決定の根幹をなす予算の在り方を思い切って見直し、トランスフォーメーションしてしまうことでしょう。なぜなら、年次予算という経営管理の仕組みもまた究極のレガシーだからです。

◆「年次予算」を見直す必要がある

多くの会社で予算管理は年次で行われてきました。仮に春先にある事象が発生した場合（例えば2020年4月7日の緊急事態宣言）、その影響を踏まえた事業の実績が確定し、固定費配賦を踏まえた決算が終了するのは2021年5月頃でしょう。その結果を踏まえた新たな年次予算が編成され執行されるのは2022年4月以降です。事象発生からの応答時間は約2年（！）、年次予算という経営管理の仕組みは2年がかりの超バッチ処理なのです。この、のんびりとした（！）お金の流れや意思決定の速度を大きく変えなければ、会社の真のトランスフォーメーションはありえません。

予算という壮大なバッチ処理をどうするのか？

No.009 脱予算で、戦える会社を作ろう！

◆新しいマネージメント・サイクルを考える

ITだけがリアルタイム化しても、原価計算や予算の仕組み、それに基づく意思決定がリアルタイムでなければ無意味です。DXを成功させるには（というより会社を本気で再生するには！）、お金の流れを軸にしたマネージメント・サイクルのトランスフォーメーションが絶対に不可欠なのです。そのキーワードは、脱・年次予算（以下「脱予算」）です。

◆これをやらずに、いったい何をDXするのか？

従来の予算が年次であったひとつの理由は全部原価計算の配賦計算でした。そのロジックの根拠は60年前の原価計算基準にありますが、すでに超レガシーです。そもそも売上高や変動費にかかわる活動は会社と外部環境をつなぐインターフェースですから緊急性が高いものです。いち早く異常を検出しアジャイルに行動を修正していかなければなりません。その一方で、固定費にかかわる活動は社内の利害調整（アジャストメント）ですから、緊急性よりは納得性や柔軟性（フレキシビリティ）が求められるものです。配賦で両者を混在させている限り、適切な経営管理はありえません。

そこで固定費配賦というレガシーを廃止し、変動費と固定費を別々に管理すれば脱予算への道筋が見えてきます。会社のアジリティ（変動費管理）とフレキシビリティ（固定費管理）は著しく高まり、厳しい時代を力強く生き抜く経営管理が実現できます。

業務プロセス	管理上のポイント	管理サイクル
販売管理	市場のニーズやトレンドの把握	リアルタイムの管理（アジリティ）
在庫管理	売筋補充、死筋防止、欠品・廃棄損の回避	
コスト管理	安定供給・短納期の両立と価格高騰対策	
付加価値管理	事業競争力の確認、目標管理、行動修正	
固定経費管理	金額の逸脱チェック、契約継続の判断	毎月の判断（フレキシビリティ）
人事給与管理	適切な労務費支払い、生産性向上と支援	
人的生産性管理	イノベーション管理、意欲ある人材の育成	
設備投資管理	WACC社内周知、WACC超えるIRR	
資金管理・WACC	事業の成長／撤退判断、配当と株価管理	
財務会計の開示	制度会計への準拠、コンプライアンス	年次の手続き

脱予算で、戦える経営管理を実現

No.010	今まで曖昧だった、「DX でやるべきこと」

◆専門家に頼めること／頼めないことがある

　昨今、DX に関するコンテンツが増えました。しかし「どうもしっくりこない」と感じている方も多かったのではないでしょうか？

「要するに、DX で何（WHAT）をやればいいんだ？」

残念ながら、何を読んでも調べても、専門家に相談しても、答えを見つけることはできません。なぜなら WHAT（どんな会社を創りたいか？）は自分の力で考えるべきことだからです。もちろん専門家にアドバイスを求めるのは良いことです。でも、最後の結論は必ず自分で出さなければなりません。それは経営そのものだからです。

> 何をしたい？…他人に頼めないこと・自分で結論すべきこと／実は最も難しい
> どう実現する？…専門家に頼むべきこと／お金をかければ必ずできること

◆GAFA の真似をしても GAFA にはなれない

　しばしば DX では GAFA を目指せと言われます。しかし GAFA は GAFA の真似をしていません。会社の目指す姿（WHAT）を自分で考え、自分で決めなければ DX は成功しないのです。ただし、これだけは確実に申し上げられます。

「DX は、お金の流れのトランスフォーメーションでなければ意味がない！」

承認プロセスのデジタル化は何のためですか？　業務文書のペーパーレス化は何のためですか？　情報共有化は何のためですか？　コミュニケーションの改善は何のためですか？…　全てが最後に行き着くのは、お金の流れの「変化」のはずです。それにもかかわらず「お金の流れ」（原価計算〜P/L〜予算）という視点がすっぽり抜け落ちていたことが、今まで多くの DX がしっくりこなかった原因だったのです。

GAFAの真似？　　　　　意志決定に使えないP/L
SAPの保守期限！
原価計算・超レガシー
ビジネス環境の悪化　　　超バッチ処理の年次予算
リアルに向き合う製造業　　レガシーマインド

目指したいのは、どんな経営ですか？

No.011 | DXは、激しい環境を生き抜くものでなければならない

◆今までバラバラだったストーリー

　2020年の新型感染症による社会の混乱は、これから私たちが向き合わなければならないリアル世界の厳しさを改めて突きつけるものでした。世界人口は100億人に向かって急増し、かつて発展途上国と呼ばれた国々の経済力は著しく高まりました。誰もが豊かさを求め、今や世界中がライバルです。インターネットがそれをさらに加速しています。異常気象は年々激しさを増し、化石燃料が枯渇に向かう中、超大国による資源支配や食糧争奪は激しくなり、国際政治の緊張も高まるばかりです。それにもかかわらず日本経済は凋落の一途を辿り、貧困と飢餓さえ広がり始めています。

　従来、経済成長を語る場面では経済成長だけが語られ、地球環境を語る場面では地球環境だけが語られました。SDGsを語る場面ではSDGsだけが語られ、DXを語る場面ではデジタル技術だけが語られました。しかし全ての事象は繋がっています。というより DX は、これから私たちが直面するリアル世界の困難を生き抜くための最強ツールでなければなりません。そうでなければ今 DX をやる意味がないからです。

◆絶対に、小さなことから始めてはいけない

　DX が小さな業務改善に終わってしまうケースは少なくありません。小さな実験は都度に必要だとしても、結局のところ、事業の行く末を見つめトップダウンで行うものでなければ DX は成功しません。その一方で、全ての DX がデジタル投資から始まる必要もありません。原価計算の新しいロジックや脱予算など、あるべき業務の流れをアナログで創り上げ、その効果を確認してからデジタル投資すべきケースだってあるはずです。というより、今アナログでできないことが、デジタルならできると考えるのは、課題を先送りするエクスキューズです。それは本当の致命傷になるでしょう。

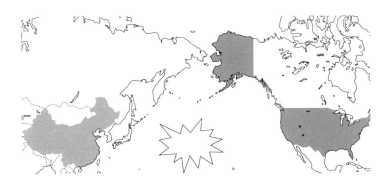

これから、どれほど厳しい時代がやってくるのか？

No.012	やるべきことがはっきりすれば、ベクトルは必ず揃う！

◆なぜ、抵抗勢力が生まれてしまうのか？

DX の推進を語る時、必ず登場するのが抵抗勢力の話です。推進側はデジタルファーストを振り回し、抵抗側は既存の業務プロセスにしがみつく…どちらが正しい／正しくないといった文脈で語られることも多いですが、本当は、どちらも正しくない！

DX は目的（WHAT）ではなく手段（HOW）です。デジタルファースト（とにかくデジタル化すればよい）という主張は粗雑であり、次のレガシーを生むだけです。そのことが、実は推進側においてもしっかり認識されていなかったことが、抵抗勢力が生まれてしまう原因だったのではないでしょうか。これから事業が直面する大きな困難、その困難を乗り越えていくための理想の会社（WHAT）についてしっかり話し合い、それを DX（HOW）で力強く実現できたら素敵です。誰がそれに抵抗するでしょうか？

◆製造業特有の状況を理解する

一般的な DX は GAFA のようなデジタルビジネスの創出を想定しているようです。それは将来的には製造業にも当てはまるかもしれませんが、今すぐにやるべきことではありません。小さな（？）業務改善を想定した DX もありますが、それは会社のトランスフォーメーションではありません。製造業がリアルと戦う産業である以上、大至急やるべきことは 2025 年の崖までに時代遅れの基幹システムを一新するというテーマに取り組みながら、従来の「レガシーロジック」「レガシーP/L」「レガシー予算」を全面的に解消して前向きなマインドを回復し、これから数十年間、厳しい時代のリアルと戦う体勢をしっかり整えることです。そうでなければ、この先どんなビジネスをやっても成功しません。

	一般的な DX	製造業の DX/M
ターゲット	デジタルビジネス創出 or 業務改善	SAP-EPR の置き換え
進め方	トップダウン or ボトムアップ	絶対にトップダウン
構築の軸	データ・ファーストと言われる	マネーフロー・ファースト
実施時期	随時	2025 年の崖 MUST

製造業の DX は、厳しいリアルと戦うための最強ツール

No.013 | DXを、どうやって進めていくか？

◆とにかく行動を開始しよう！

　お金の流れを軸としたDXの推進は、以下の5段階に整理することができます。

<第一段階> 活動の立ち上げ

　この本を手に取って下さった方は、すでに第一段階に踏み出しています。まずは現状に問題意識を持ち、会社が抱えるレガシーの整理を始めましょう。率直に本音で話し合い、会社が目指すべき姿についてのイメージをしっかり創り上げていきましょう。

<第二段階>2つの外部インターフェースをリアルタイム化

　会社には様々なお金の流れがありますが、売上高と変動費（コスト）は特に緊急性が高いものです。そこで売上高と変動費のデータがリアルタイムで活用される仕組みを大至急作りましょう。DX/Mでは、この段階をデジタイゼーションと呼びます。

<第三段階>固定費についての意思決定サイクルを月次化

　人事給与をはじめ多くの固定費（経営資源）の支払いは月次です。そこで月次でキャッシュフローを管理する仕組みを作りましょう。キャッシュフローが見える化できたら、人の生産性や人材育成、設備投資や資金調達について迅速に判断します。プロジェクトの進捗管理もフレキシブルに行って、最強の経営資源（ヒト・モノ・カネ）を構築していきましょう。DX/Mでは、この段階をデジタライゼーションと呼びます。

<第四段階>脱予算への取り組み

　ここまでできたら、予算管理サイクルを年次から月次に移行し（脱予算）、アジャイルでフレキシブルな経営を実現しましょう。（法律に則った財務報告など年次の活動も少し残ります。）

<最終段階> DXの最終実装

　会社が目指す姿が明確になれば、IT専門家の力を借りてツールやシステムを実装します。ここまでのディスカッションで、社内のコンセンサスはできているはずです。

最初の一歩は、いつだって小さい

No.014 恐竜の道と、哺乳類の道

◆恐竜だけを滅ぼしたディープインパクト

　今から6500万年前、メキシコにひとつの小惑星が落下しました。この時のディープインパクトが地球の環境を激変させ、当時地上を支配していた巨大な恐竜を消し去ってしまったのです。辛うじて生き残ったのは身軽な小鳥に姿を変えていた小さなグループだけでした。そして地上は哺乳類の王国へと変貌していくことになります。

　それまで巨大な恐竜の足元で取るに足らない存在だった哺乳類（私たちの祖先！）は、夜の闇に隠れ、じっと時を待っていました。夜間もアジャイルに動き回れる体温維持の仕組みを作り上げ、外部環境に潜む危険をいち早くモニタリングするための聴覚を発達させました。リアルタイムの判断を可能にする知能を高度に進化させ、フレキシブルにどこでも子孫を残せる胎生というイノベーションにも成功しました。そして危機をチャンスに変え、地上の新たな支配者になったのです。

◆見据えるべきは 2025 年ではなく、さらにその先

　6500万年前のディープインパクトの時、身軽な小鳥と小さな哺乳類だけが生き残り、巨大な恐竜が滅んでしまったことは印象的です。それが、現在の環境に安住し、進化の歩みを止めてしまった者の運命なのです。そして今、次のディープインパクトが迫っています。不気味に輝く小惑星の影は、経済社会にも、国際政治にも、地球環境にも、すでにはっきり現れています。小さく身軽な会社は DX という進化を機敏に遂げつつありますが、巨大な恐竜は現実から目を背け、これで最後になるかもしれない春の暖かさをのんびり謳歌しています。DX とは、おそらくそんな存在です。

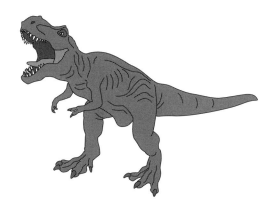

巨大な恐竜だけが滅んだ

DX for Manufacturing!!

// Summary and conclusion! //

恐竜の道

- ✔ 目的と手段を取り違えた DX
- ✔ 小さな業務改善だけで終わる DX
- ✔ レガシーロジックを放置した DX
- ✔ レガシー予算を放置した DX

哺乳類の道

- ✔ 事業の目指すべき姿を思い描く DX
- ✔ 会社の姿を変えるトップダウンの DX
- ✔ レガシーロジックに疑問を感じる DX
- ✔ 脱予算に果敢に取り組む DX

DX/M

変える、変わる
最後のチャンス！

From now on, Digitalization Stage!

　DXの第一段階は、データのデジタル化（デジタイゼーション）です。最優先でデジタル化すべきデータは、会社と外部環境とのインターフェースである「売上高」と「コスト」に関わるものです。時々刻々と変化する経済環境や自然環境に対応するためには、これらのデータをリアルタイムで把握し、会社のアジリティを極限まで高めていかなければなりません。とはいえ、すでにほとんどのデータが既存の基幹システムに取り込まれているはずですから、データが適切かつリアルタイムに使える状態にすることが、デジタイゼーションの目標です。

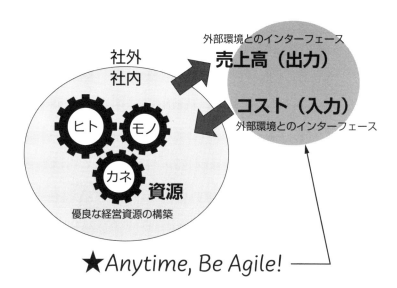

推進 STEP.2
まずは、コストの定義から

Anytime, Be Agile!

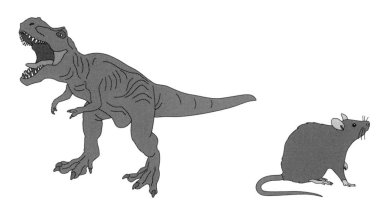

Dinosaur's way ← → Mammal's way

No.015 | え、そもそもコストが定義されていなかった？

◆コストってなんだ？

　製造業の新しいお金の流れを考える時、どうあっても最初に取り組むべきはコストの見える化でしょう。

「徹底的なコストダウン！」「徹底的なコストダウン！」「徹底的なコストダウン！」
耳にタコができるくらい何度も何度も言われます。日本の会社で（少なくとも製造業で）コストダウンに取り組んでいない会社はありません。毎日がコストとの戦いです。でも、そもそもコストって何だかわかっていましたか？？

> ✔ 製造原価がコストですか？　（製造原価≒売上原価として）
> ✔ 販管費はコストですか？　（販管費は、販売費および一般管理費の略称です）
> ✔ 変動費がコストですか？／固定費がコストですか？／両方コストですか？
> ✔ 直接費はコストですか？／間接費はコストですか？
> ✔ 営業外費用はコストですか？

え、全部コストですって？　よろしい、それではこれらが全てコストだとしましょう。コストであるなら「徹底的なコストダウン」ってやつを目指さなければなりません。目指す姿は「全てゼロ」ですか？　でも、それでは何か変じゃないですか？　仮にダイエットに励む人がいたとしても、その目標は決して体重ゼロではないはずです。費用管理の目標だって、絶対に「全てゼロ」ではありません。では何を目指せばよいのでしょうか？

　つまり、コストが何であるかを整理しておかなければ、徹底的なコストダウンなどできるはずがないということです。もちろん DX だって成功しません。コストダウンという言葉ばかりが振り回される一方で、今までコストがきちんと定義すらされてこなかったという現実は、誰も本気で取り組んでいなかったことの動かぬ証拠です！

目標は「全ての費用＝ゼロ」じゃない！

No.016 | P/L に無関心だった日本のコストダウン

◆コストダウン担当者が、自社のコストを知らないという現実

　前回、少し意地の悪い質問をしました（でも大事な質問ではありました）。このままでは話が進まないので、仮にここでは「コスト＝製造原価」だと仮定しましょう。製造原価は、実質的に売上原価でもありますから、これならわかりやすいと思います。

　製造原価の代表的な構成要素を御存知でしょうか？　一般には「材料費」「労務費」「経費」の３つです。では、皆さんの会社の製品の製造原価の大まかな比率はどうなっていますか？　例えば、下記のグラフで大きく突出しているのは「材料費」「労務費」「経費」のうちのどれだかおわかりでしょうか？　セミナーなどで、日頃コストダウンを担当している方々にこの質問をすると「労務費」というお答えをいただくことが多いのですが、実は多くの製造業で、正解は「材料費」なのです。

　製造業なのに材料費がこれほど突出しているのは驚きです。これではまるで流通業の原価のようです。製造（作る）という活動の価値が相対的に小さくなり、ビジネスモデルの寿命が尽きかけているのかもしれません。でも、それ以上にこの問題を深刻にしているのは、コストダウン担当者が自社製品の原価の内訳を知らないという現実です。原価の内訳すら知らずにやっている徹底的なコストダウンとは、いったい何なのでしょうか？

◆日本のコストダウンの惨状

　自社製品の原価の内訳を知らなければ正しいコストダウンはできません。競争上の優位性を確立することだってできません。そもそもコストの定義をしているコンテンツすら見たことがないのですから、どうやってコストダウンをやっているのでしょう？　これはデジタル化以前の問題です。レガシー化しているものはたくさんあるようです。

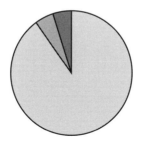

突出しているのは材料費？　労務費？　経費？

No.017 | 売上原価がたった 1 行で、どうして不便を感じない？

◆きちんと P/L を見ているのか？

「コストダウンの担当者が自社製品の原価を知らない！」 その驚くべき現実が信じられない方は P/L を見てください。売上原価はたった一行、販管費も一行です。大事なことの内訳がしっかり書かれていない一方で、妙に金額の小さな営業外費用や特別損益の内訳がずらっと並んでいたりします。実は売上原価と販管費の区分も曖昧で、費用は自由に行ったり来たりしています。誤解が多いところですが、売上原価＝変動費、販管費＝固定費ではありません。それに付加価値だってわかりませんから生産性もわからない。念のため、利益と付加価値は全く別のものです。

しかもこの P/L ですら、年に 1 回（多くて 4 回）、やっとの思いで作られるだけです。これじゃ絶対にコストダウンは成功しませんし、生産性も上がらない。厳しい時代を生き抜くことはできません。これを放っておいて、何を DX するっていうのでしょうか？

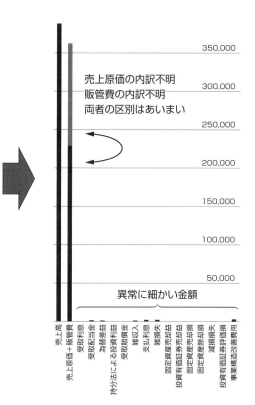

売上高	388,463
売上原価	229,256
売上総利益	159,206
販売費および一般管理費	133,313
営業利益	25,893
営業外収益	
受取利息	443
受取配当金	1,631
為替差益	999
持ち分法による投資利益	73
受取賠償金	45
雑収入	963
営業外収益合計	4,157
営業外費用	
支払利息	2,101
雑損失	2,269
営業外費用合計	4,371
経常利益	25,679
特別利益	
固定資産売却益	108
投資有価証券売却益	16
特別利益合計	125
特別損失	
固定資産売却損	77
固定資産除却損	284
減損損失	283
投資有価証券評価損	7
事業構造改善費用	3,401
特別損失合計	4,053
税金等調整前当期純利益	21,750

売上原価の内訳不明
販管費の内訳不明
両者の区別はあいまい

異常に細かい金額

何も読み取れないレガシーP/L

No.018 気合は大切、でもそれだけじゃあ世界に勝てない

◆「できない」とは言いません？

日本の製造業にはコストハーフという、勇ましい目標設定の仕方があります。

「コストハーフ1回やれば50％、2回やれば25％」

「やればできる！　私たちはできないとは言いません！」

でも、これって目標でしょうか？　願望でしょうか？　本当に本気でコストダウンするつもりなら、まずはコストの内訳をきちんと明らかにした上で、

> ✔ 材料費は○○％にしよう
> ✔ 労務費は○○％にしよう
> ✔ 経費は○○％にしよう

といった具合に費用ごとに目標を立てるべきです。それぞれやるべきことも、目指すべき目標も、絶対に同じはずがないからです。しかし現在のレガシーP/Lからはコストの全体も内訳も読み取ることができません。今までそれを誰も「不便だ！」と言い出さなかったのはなぜなのか？　本当にやるべきこと、やれることはたくさんあるように思います。

◆本当に本気なら、P/Lを変えよう！

　もしかしたら「コストハーフ！」と大勢で唱和しながら、レガシーP/Lで「できたことにしておく」というごまかしが繰り返されてきたのかもしれません。そんな企業風土はDXでは変えられません。どうしても真実に向き合えない事情があるなら無理をしないでください。大惨事になるだけです。でも本当に本気でDX（会社のトランスフォーメーション）をやるのなら、まずはレガシーP/Lからきっちり変えていきましょう。それが真に強い会社を作るための大前提になります。

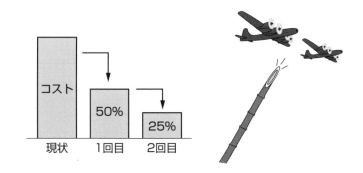

「やればできる」って、本当ですか？

No.019 DX でコストダウンを目指すべきもの、それは変動費

◆変動費がコスト

　勇気を出して真実に向き合う覚悟ができたら、いよいよコストを見える化しましょう。でもその前に「コストが何なのか？」を、改めて定義しておかなければなりません。そうしなければコストデータのデジタル化ができないからです。費用には様々な分類方法がありますが、DX を考える時、特に大切なのが変動費／固定費という分類です。

> ✔変動費／固定費　（←この分類が重要）
> ✔直接費／間接費　（直接費≠変動費、間接費≠固定費なので注意！）
> ✔売上原価／販管費／営業外費用、などなど

では何が変動費かというと、それは会社が生産販売といった活動をすればするほど、それに比例して発生する費用です。なぜ比例して発生するかといえば、その都度に社外から取り込んで消費されるものだからです。ですから変動費の管理目標はムダに消費しないこと（なるべく使わないこと）だと言えます。まさにこれが「コスト」であり、コストダウンの対象になるべき費用です。さらに変動費には、予め「金額」が決められているわけではなく「単位あたりの原価」で管理されるものだという重要な特徴もあります。

◆固定費は経営資源

　変動費がコストなら固定費は何なのか？　固定費は生産・販売といった活動量に関わらず発生する費用です。なぜ活動量に関わらず発生するかといえば、それは初めから社内に存在する経営資源だからです。経営資源の管理目標は、変動費のコストダウン（なるべく使わないこと）の正反対で、しっかり使うこと、つまり生産性の向上です。固定費は経営者によって承認され、予め「金額」が決まっているのも重要な特徴です。

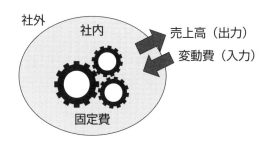

変動費がコスト、固定費は資源

No.020	経営の意思が、変動費と固定費を決める

◆変動費は、コストダウンを目指す！

　整理すると、外部環境からの会社への入力がコスト（変動費）です。会社から外部への出力が売上高です。小さな入力で大きな出力を実現できる会社が競争力ある会社です。ですから会社はコストダウン（なるべく使わない）に務めるのです。コストダウンをするには、①コストの内訳を把握し、②内訳ごとに原価目標を定め、③実績と比較して原価差異を把握し、④原価差異が把握されたら原因を分析し、⑤対策します。このプロセスは早ければ早いほど良く、DX ではリアルタイム性を追求していきます。

変動費はコスト	管理すべきこと
目標は、「なるべく使わない」 管理のポイントは「リアルタイム」	✔目標とする標準原価の設定 ✔標準原価と実際原価との差異の把握 ✔差異の原因分析と対策

◆固定費は、生産性向上を目指す！

　ダウンサイジングの流れの中では混同されがちなことですが、固定費の管理目標はコストダウンではありません（！）。それは健康増進のためのダイエットが決して体重ゼロを目指すものではないのと同じです。固定費の管理に必要なのは、優良で生産性の高い経営資源を構築していく視点です（しっかり使う／育てる）。経営資源の取得は経営者の承認を得て計画的に行われるものですからリアルタイム性は必要ありません。承認された金額からの逸脱がないかどうかを月次でチェックすれば十分です。

　その一方で「固定費」とは言いながら、固定費の管理には柔軟性（フレキシビリティ）が必要です。時々刻々と変化する外部環境に対応すべく、新しい経営資源を取得したり／手放したりといった意思決定を常に繰り返していかなければならないからです。

固定費は資源	管理すべきこと
目標は、「しっかり使う」 管理のポイントは「フレキシビリティ」	✔金額的な逸脱の有無のチェック ✔（ヒト）人的生産性の管理、支援、指導 ✔（モノ）固定資産の取得／放棄の判断 ✔（カネ）資金の調達／返済の判断

No.021	原価計算のロジックを変える

◆こんなレガシーロジックを DX に乗せたら終わり

実は、今までの原価計算は、管理目標が全く違う変動費と固定費を分離していませんでした（！）。それが日本中でコストダウンと生産性向上の両方に失敗してきた原因だったのです。分離されていないどころか、材料費も労務費も経費も、すべてが一緒くたにされて P/L 上でたった一行の売上原価になってしまうのは、60 年も前から使われている原価計算基準がレガシーな全部原価計算を前提にしてきたからです。

全部原価計算とは、簿記 2 級の工業簿記あたりで登場するやつです。今まで誰も疑問に思わなかったことが不思議なようですが、材料や労務費や経費などを全て合算し、まとめて仕掛品に転記する構造になっていますし、その合算作業の一部（固定費の配賦計算）が超バッチ処理なのです。これではコスト構造（現状、変化、異常値の発生）は分かりませんし、環境変化にアジャイルに対応することだってできません。

◆DX が、原価計算を変える最後のチャンスだ

DX でどんなに最先端の IT 機器を導入しても、そこに乗る原価計算のロジックが超レガシーなら事業は蘇りません。そして、いったん IT 機器に巨費を投じてしまったら、ロジックは固定化され、それを数十年は使い続けなければならないのです。ロジックを変更するチャンスはもうありません。DX は、会社を救う最後のチャンスです。

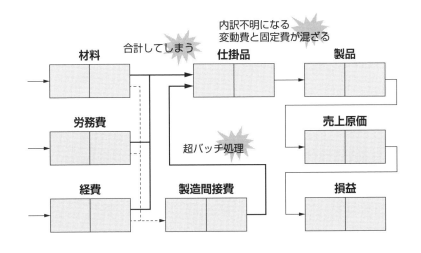

原因は、この仕訳（お金の流れ）

No.022 | 販売費だって、コストだ！

◆販売費が売上原価から切り離されているという問題

古い原価計算のロジックには、

> ✔材料や労務費や経費などを合算し、内訳不明にしてしまうという問題
> ✔変動費と固定費がゴチャゴチャで、しっかり分離されていないという問題
> ✔固定費の配賦計算が超バッチ処理だという問題

などがありましたが、さらにもう一つ致命的な問題を抱えています。それは

> ✔サプライチェーン全体を見渡す構造になっておらず費用がバラバラという問題

です。例えば販管費（販売費および一般管理費）の中には、外注物流費などの変動費が混じっていますが、全部原価計算上の売上原価ではないため戦略的なコスト管理から漏れがちでした。その一方で販管費には売上原価と同様に労務費や減価償却費といった固定費も含まれています。しかし昨今の事業活動は高度化していて、売上原価になるべきものなのか販管費になるべきものなのか見わけがつかないのです。この曖昧さが費用の逃げ回りや会計操作を生み、費用管理の失敗につながっています。

◆内訳不明！　ゴチャゴチャ！　バラバラ！　計算も遅い！

　実は今日の全部原価計算は 100 年以上も前にデザインされたものでした。その目的は工場を厳しく管理することだったのです。ですからサプライチェーン全体の管理という視点を持っていません。私たちは会計で日々の行動目標を決め、会計で成績を評価されます。会計がレガシーなら、私たちの事業活動もレガシーのままです。会社のトランスフォーメーションは成功しません。

売上高

ー売上原価①　　材料費、労務費、減価償却費、外注加工費

＝粗利

ー販売費および一般管理費②　　労務費、減価償却費、外注物流

ー営業外費用③　　在庫金利、資本コスト

＝経常利益

費用が３つに分断された P/L

No.023 固定費の配賦を止めよう

◆変動費と固定費を混ぜてしまう配賦

今日のレガシーロジック（全部原価計算）では、変動費に固定費を配賦することは常識中の常識です。一般的な簿記で習うのもこの全部原価計算です。しかし変動費と固定費は管理目標が全く違うものですから、絶対に両者を混ぜてはいけません。そもそも変動費と固定費は、相互に全く別のタイミングで、全く無関係に発生する費用ですから、合理的な配賦など論理的に不可能です。無理に配賦すればブラックボックスを生じ、本当は収益力のある製品が赤字の汚名を着せられたり、配賦元の固定費側の生産性が低いまま不問にされたりもします。これからDXをやるなら、変動費と固定費はしっかりわけて管理しましょう。

◆データ・ファーストではいけない理由

変動費と固定費の管理目標は正反対です。先入観がない人が見れば変動費と固定費の管理を分離すべきなのは明らかなのに、データを毎日見ている人がそれを分離しようと発想してこなかったことは深刻です（60年～100年間も！）。DXにはデータ・ファーストという考え方があります。正しいデータさえあれば、やるべき業務改善が自ずと見えてくると…　しかし固定費配賦の問題を見る限り、データ・ファーストは楽観的に過ぎます。マインドがレガシーなら、見えるはずのものも永遠に見えて来ません。それは最先端のIT機器を導入するだけでは解消できないことです。

	変動費 （外部環境との関わり）	固定費 （価値分配の社内調整）
発生モード	生産量に比例して増減する （変動費と呼ばれる理由）	生産量に比例して増減しない （固定費と呼ばれる理由）
発生のタイミング	毎日、都度	毎月が多い
金額の管理方法	標準原価との比較 （比率のチェック）	承認された金額との比較 （金額のチェック）
管理責任の所在	現場の担当者	経営者
管理の目標	なるべく使わないこと （コストダウン） ⟷	しっかり使うこと （生産性向上）
データの特性	社外のファクト （リアルタイム性が必要）	社内のアジャストメント （フレキシビリティが必要）

こんなに違う！　変動費と固定費

No.024	固定費と間接費を混同しない

◆根強い誤解の原因

今まで 100 年間も変動費と固定費がしっかり分離されなかったことには、一つの原因があります。それは変動費／固定費という分類と、直接費／間接費という分類の混乱です。本来、直接費／間接費は、変動費の把握の仕方の差から生じる分類です。例えば製品1台1台の材料消費量を製品1台1台ごとに直接測定すれば直接費ですし、工場全体で測定し、後で製品1台1台に割り振るなら（これが本当の配賦）それが間接費です。ところが本来なら「固定費部門」とでも呼ばれるべきものが「間接部門」と呼ばれているといった慣例もあり、いつしか固定費＝間接費、変動費＝直接費という誤解が生まれました。そして間接費の配賦が固定費の配賦と混同されていったのです。

変動費と固定費の分離は、実は80年近く前から議論されていて、全部原価計算のアンチテーゼとして直接原価計算が提案されました。しかし変動費と固定費の分離を目指したはずの原価計算が「直接原価計算」と呼ばれてきたために（「変動費原価計算」ではなく！）、変動費と直接費の混乱にさらに拍車をかけています。

◆原価計算も、進化の時を迎えている

製造部門の費用だけでしか計算されない原価計算が「全部原価計算」と呼ばれるがゆえに、販売費や営業外費用に含まれるコストを置き去りにする結果になっています。変動費での原価計算を目指したはずの原価計算が「直接原価計算」と呼ばれるがゆえに、変動費と直接費の混同を招いています。考えてみればどちらも 80〜100 年前にデザインされたレガシーロジックでした。日本の原価計算基準も 60 年間ほったらかしです。こんな骨董品を放置していたら、トランスフォーメーションは成功しません。

売上高
<u>－売上原価</u>・・・・・・・・・・・・・・・・・・・・ 変動費と固定費の混合物
＝売上総利益

<u>－販売費および－一般管理費</u>・・・ 変動費と固定費の混合物
＝営業利益

<u>－営業外費用</u>・・・・・・・・・・・・・・・・・・ 変動費と固定費の混合物
＝経常利益

全部原価計算が作り出すレガシーP/L

DX/M の重要ポイント

Point1　コストダウンと生産性向上は、正反対の活動だということを認識する

コストダウン…なるべく使わないということ

生産性向上…しっかり使うということ

正反対の活動を混ぜたら、そのどちらにも失敗するのは自明です。実際に、日本中で両方に失敗しています。

Point2　コストダウンのターゲットを定義する

コストダウンの対象…変動費（いわゆるコスト）

生産性向上の対象…固定費（経営資源の維持費）

コストダウンの対象になる費用が変動費、生産性向上の対象になる費用が固定費です。

Point3　P/L 上でターゲットを分離する

売上高
－変動費　　　　　　… コストダウンしたいもの
＝付加価値
－固定費　　　　　　… 生産性を向上したいもの
＝キャッシュフロー

管理目標が正反対である変動費と固定費は、P/L 上でしっかり分離しておかなければ適切に管理できません。

Point4　コストの内訳と、その管理目標（標準原価）との差異を明確にする

売上高
－変動費①（±コストダウンの目標と現状との差異）
－変動費②（±コストダウンの目標と現状との差異）
－変動費③（±コストダウンの目標と現状との差異）
＝付加価値
－固定費
＝キャッシュフロー

コスト（変動費）を分離したら、その内訳を明らかにし、それぞれにコストダウンの目標を設定します。目標と現状の差異を明らかにし、その解消を目指して活動することがコストダウンだからです。

DX for Manufacturing!!

No.025 きちんとコスト管理ができる P/L が、やっぱり必要でしょう？

◆DX で、P/L をトランスフォーメーションする！

今まで「不便だ」と誰も言い出さなかったことが不思議ですが（レガシーマインド）、従来のレガシーP/L は管理目標の違う変動費と固定費が複雑に混じり合っていて使いものになりません。この P/L を放置する限り、いかなる経営改善も成功しません。国内製造業は衰退するばかりです。DX に取り組むなら（会社を本気でトランスフォーメーションするなら！）、変動費と固定費をしっかり分離した新しい P/L が絶対に必要なのです。

◆新しい P/L の基本構造

P/L は事業活動の目標を示し、実績を示し、経営上の課題がどこにあるのかを明確に描き出せるものでなければなりません。しかし従来のレガシーP/L は、サプライチェーンを分断している上に、変動費と固定費がゴチャゴチャで、使い勝手の悪いものでした。そこで従来の売上原価、販売費および一般管理費、営業外費用といった分類を見直し、変動費／固定費という視点で新しい P/L を組み立ててみましょう。

まず変動費は、時々刻々と変化する外部環境とのインターフェースから発生するコストですから緊急性（リアルタイム）が必要です（売上高も同じ）。これに対して固定費は、事業活動が稼ぎ出した付加価値をヒト・モノ・カネなどの経営資源に分配する会社内部の調整（アジャストメント）です。多くの場合、経営者の承認を経て行われるものですから緊急性はありません。その一方で、優良な経営資源の構築を目指してしっかり話し合い納得されていることが重要で、外部環境の変化に対応できる柔軟性（フレキシビリティ）も必要です。

変動費と固定費を分離する

No.026 | 異常値を見つける方法も、全く違う

◆従来のレガシーP/L では、費用の管理すらできない！

　変動費と固定費をしっかり分離しておかないと様々な問題が起きます。例えば以下の全部原価計算の P/L では、売上高の実績が予算の 1.2 倍、売上原価や売上総利益も 1.2 倍になっています。この事業活動にどんな問題があったか想像できるでしょうか？　レガシーP/L ではどうにもならないので少し改良し、費用の内訳も示します。これならどうでしょう？　結論は「異常なし」でしょうか？

	予算		実績
売上高	100	×1.2	120
−売上原価	90	➡	108
＝売上総利益	10	×1.2	12

レガシーP/L

	予算		実績
売上高	100	×1.2	120
−費用A	35		45
−費用B	20		24
−費用C	15	➡	15
−費用D	5		5
−費用E	15		19
＝売上総利益	10	×1.2	12

内訳を示したP/L

◆新しいP/L なら、異常値も検出できる

　費用の内訳を見ると、予算と実績で金額が動いたものと動かなかったものがあります。それぞれが変動費なのか固定費なのかを明確にし、固定費は金額の比較、変動費は標準と実績の単位原価の比較をしなければなりません。そうしなければ異常は検出できません。つまり変動費と固定費を分離しなければ経営上の課題や新たなチャンスは発見できず、適切に手当てできないのです。これが新しい P/L の出発点です。

	予算		実績	アラーム
売上高	100		120	
−変動費A	35 (0.35)		45 (0.38)	過大
−変動費B	20 (0.20)	➡	24 (0.20)	OK
−変動費C	15 (0.15)		15 (0.13)	過小
−固定費D	5		5	OK
−固定費E	15		19	過大
＝売上総利益	10		12	

変動費と固定費は、異常値の検出方法が全く違う

No.027 ｜ レガシーマインドのトランスフォーメーションが先！

◆今まで誰も「不便だ」と言わなかったのは何故なのか？

　従来のレガシーロジック（全部原価計算）が作り出すレガシーP/L からは、経営判断に必要な情報が読み取れません。費用の異常値さえ発見できなかったのです。しかし、ここでご注意いただきたいのは、SAP－ERP の運用で今までもデータは社内に存在していたはずだということです。どんなに優れたシステムを導入しても、関係者のマインドがレガシーなら DX は成功しません。次のレガシーができあがるだけです。

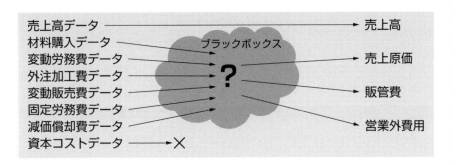

◆シンプルな計算ロジックがベスト

　事態の深刻さに気付いたらレガシーロジックを見直しましょう。レガシーな全部原価計算は複雑な固定費配賦をしていたためリアルタイム化が困難でした。配賦は恣意的で計算過程はブラックボックス化しがちでした。費用管理すら満足にできません。もちろんコストダウンなど不可能です。しかし固定費配賦を止めてしまえば、原価計算は著しくシンプルになります。リアルタイム化が可能となり、ファクトに基づいた客観的な数字で正しい経営判断ができます。

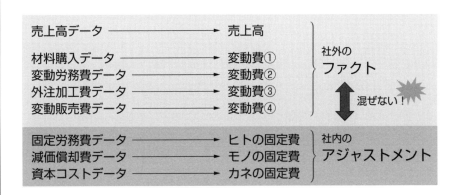

（参考）固定費配賦が招く判断ミス

　今日の会計界にレガシーマインドの呪縛は強く、固定費を配賦しないと製品の収益力が分からないという意見が根強くあります。しかし、そもそも固定費配賦には合理性がなく、間違った経営判断の原因になっています（気づかないのはレガシーマインド？）。

　実際に起こっている事例で見てみましょう。ある会社に、生産能力と製造原価が同じ2つの工場がありました（東京工場・横浜工場と仮称）。共に老朽化が進み事故のリスクが高まりました。そこで経営者は順次に設備更新することを決定し、まず横浜工場から着手したのです。その結果、減価償却費が月100万円発生するようになりましたが、生産効率の改善で材料費などの変動原価も副次的に20％改善しています。この会社の製造原価をレガシーロジックで計算すると以下の通りです。

	工事前		工事後	
	東京工場	横浜工場	東京工場	横浜工場
生産台数	2000 台	2000 台	2000 台	2000 台
1台当たりの売価	2700 円	2700 円	2700 円	2700 円
1台当たりの変動費（材料費等）	1800 円	1800 円	1800 円	1440 円
1台当たりの固定費配賦	― 円	― 円	― 円	500 円
1台当たりの粗利	900 円	900 円	900 円	760 円

有利？　　　不利？

✔ 横浜工場の変動費　　：1800 円×80 ％＝1440 円
✔ 横浜工場の固定費配賦：100 万円÷2000 台＝500 円

　この工事によって粗利が減少してしまった横浜工場を嫌った営業部門の担当者は、翌期から東京工場の生産台数を能力上限に近い3000台とし、横浜工場の生産台数を1000台に減らしてしまいました。改めて製造原価をレガシーロジックで計算すると以下の通りです。営業部門は、さらなる生産移管を東京工場に打診しています。

	工事の直後		翌期	
	東京工場	横浜工場	東京工場	横浜工場
生産台数	2000 台	2000 台	3000 台	1000 台
1台当たりの売価	2700 円	2700 円	2700 円	2700 円
1台当たりの変動費（材料費等）	1800 円	1440 円	1800 円	1440 円
1台当たりの固定費配賦	― 円	500 円	― 円	1000 円
1台当たりの粗利	900 円	760 円	900 円	260 円

この会社の工事後と翌期の P/L（レガシー P/L）を比較すると、以下の通りとなります。

	工事の直後	翌期
売上高	1080 万円	1080 万円
売上原価	748 万円	784 万円
売上総利益	332 万円	296 万円

製造原価の計算（レガシーロジック）
✔ 工事直後：2000 台×1800 円＋2000 台×（1440 円＋500 円）＝748 万円
✔ 翌期　　：3000 台×1800 円＋1000 台×（1440 円＋1000 円）＝784 万円

　1 台当たりの粗利が有利だったはずの東京工場で生産台数を増やせば増やすほど、会社全体の利益が減っていくのは不思議なことです。これは従来のレガシーロジックが、節減すべき変動費（コスト）としっかり使うべき固定費（資源）を混ぜてしまっているために引き起こされる経営判断の誤りです。固定費をコストとして扱えば「なるべく使わない」という判断が働いて資源を遊ばせてしまうことになるからです。同様の悲劇は、製品の内製／外注の判断などでも起こります。固定費配賦を嫌って外注を選択すればするほど、外注費の持ち出しが増えて損益を悪化させてしまうことになります。

　このようなレガシーロジックによる致命的経営判断の誤りは、経営環境が厳しい時ほど起こりやすく、危機に直面した会社の経営に最後の止めを刺すでしょう。新鋭工場がガラガラで老朽工場がフル生産になるだけではなく、最新のオフィスが不人気で老朽オフィスがギュウギュウになるといった不思議な光景が各地に出現しています。こうした経営判断の誤りを解消する方法は、固定費配賦を止め、変動費と固定費をしっかり分離することしかありません。そうすれば費用がどのように発生し、各製品の収益力がどのような状態になっているのかが一目瞭然であり、正しい経営判断が可能になるからです。DX をやるなら固定費配賦は止めましょう。それはもはや危険なレガシーです。

工事後の正しい比較

	東京工場	横浜工場
生産台数	2000 台	2000 台
1 台当たりの売価	2700 円	2700 円
1 台当たりの変動費	1800 円	1440 円
1 台当たりの付加価値	900 円	1260 円
	不利！	有利！

新しい P/L

	会社全体
生産台数	4000 台
売上高	1080 万円
売上原価（変動費）	648 万円
付加価値	432 万円
会社全体の固定費	100 万円
売上総利益	332 万円

DX for Manufacturing!!

No.028 | トランスフォーメーションを楽しむ

◆浮足立たない！

何事もいったん話題になれば大騒ぎになり、各社で横並びの行動に走りがちです。流行に乗ることが、却って本当に向き合うべき課題の先送りになることもあります。DX をそんな失敗の 1 つにしてはなりません。嫌々やる DX は絶対に成功しません。人まねの DX や丸投げの DX も成功しません。今改めて、強い会社とは何か（WHAT）を考え、会社のトランスフォーメーションを全員で楽しむべきです。良い会社、理想の会社、人が育つ会社、厳しい環境と戦える会社を最新のデジタル技術で作るのだと考えたら、これほどワクワクすることがあるでしょうか？

◆2025 年の崖までにやるべきことを見定める

DX が問題になった契機は SAP ERP の保守サポートの期限が切れることでした。当然、考えるべきことの軸は SAP ERP システムを何に置き換えるかです。単純に置き換えるのか？　これを契機にレガシーロジックを思い切って見直すのか？　いずれにしても、社内でしっかり話し合っておかなければ DX は成功しません。将来向き合うことになるであろう事業の課題／その時に発揮されるべき会社の力をきちんと見定めていきましょう。

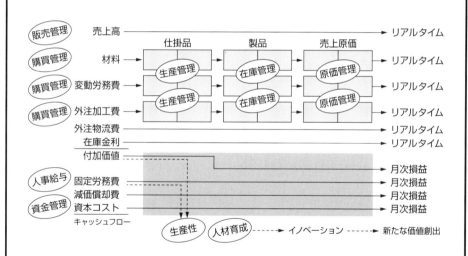

新しい仕訳（お金の流れ）のイメージ

No.029　次に取り組むのは、インターフェースのリアルタイム化

◆製造業のデジタル化、大至急取り組むべきこと

　次から推進 STEP3 に進みます。STEP3 で取り組むのはリアルタイム系の活動のデジタイゼーションです。その対象として想定される業務プロセスは、従来の定義に従うなら、販売管理、購買管理、生産管理、在庫管理などでしょう。これらのプロセスは会社と外部環境をつなぐインターフェースであり、アジリティが必要な活動です。すでにデータのデジタル化は済んでいるケースが多いと思われますが、

①従来の P/L では、変動費が売上原価〜販売費〜営業外費用に分散しているので、サプライチェーンの視点でお金の流れを整理し、再構築しなければなりません。

②せっかくリアルタイムで入力されているデータが、リアルタイムに活かされる仕組みが今までありませんでした。各種モニター画面や AI 技術によるナビゲーターを設計し、日々のアジャイルな業務判断を支援できるようにしなければなりません。

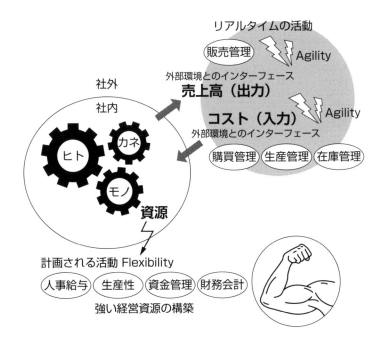

// Summary and conclusion! //

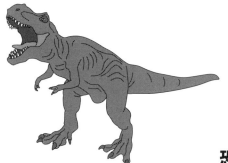

恐竜の道

- ✔ コストをしっかり定義しない DX
- ✔ コストの内訳を見える化しない DX
- ✔ 変動費と固定費がゴチャゴチャでも平気な DX
- ✔ 売上原価と販売費が分断されたままの DX

哺乳類の道

- ✔ コストをしっかり定義する DX
- ✔ コストの内訳を見える化する DX
- ✔ 変動費と固定費をしっかりわける DX
- ✔ サプライチェーンが一体管理される DX

推進 STEP.3
次は、コストをリアルタイム化

Anytime, Be Agile!

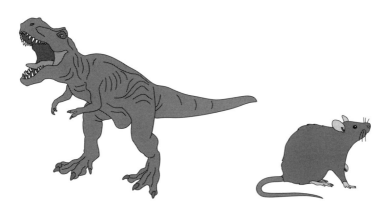

Dinosaur's way ← → Mammal's way

No.030 | 目標があるなら、必ず差異がでる

◆何かを目指せば、差異が出る

　事業活動に限ったことではありませんが、何かを目指せば必ず差異が出ます。何かを目指すということは、まず現状との差異を把握し、その解消を目指して努力することだからです。言い換えれば、差異が無いという状態は、何も目指していない状態と同じだということです。差異を把握しているつもりでも、それを表現して関係者で共有し、行動を起こさないなら、実質的に何も目指していないのと変わりありません。

◆コストダウンもまた、差異の把握から始まる活動

　コストダウンもまた、原価差異を把握し、その解消に向かってPDCAを回していく活動です。

<PLAN・DO・CHECK・ACTION>
P：まず目標とする標準原価を設定し、実績原価と比較して差異を把握します
D：次に、把握された差異の解消に向かって活動します
C：活動の結果、差異がどうなったかを測定します
A：差異が解消していなければ対策を考えなければなりません

　これを繰り返すことで、目標とする標準原価が達成されていきます。コストダウンの場合、この PDCA を回す最善のサイクルは毎日です！

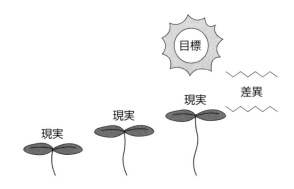

コストダウンは、差異を把握し、それを解消する活動

No.031	毎日の活動は、毎日振り返らなければならない

◆一か月前に食べたものを思い出せるか？

　もし DX の展開で自由自在にデータが扱えるようになるなら、原価差異の把握と分析はリアルタイムに（少なくとも毎日）行えるようにしたいものです。そうしなければ差異の原因が分からなくなるからです。それは例えば、一か月前に食べたものを思い出すのはかなり難しいことですが（！）、昨日食べたものなら大概は思い出せるのと同じです。

　月末になって数字を締めてから「原価差異がありました！」と報告されても、その原因を突き止めることは難しいです。一か月の間に発生した有利な差異と不利な差異が相殺されて消えてしまうこともありますが、差異は相殺されて消えれば良いというものではありません。事業のより良い明日のためには差異の原因を明らかにし、不利な差異の再発を防ぎ、有利な差異のさらなる展開を目指さなければなりません。

◆ロスを垂れ流しにしない

　原価差異を毎日把握すべきもう一つの理由は、ロスを垂れ流しにしないためでもあります。仮に一か月後の分析で差異の原因が判明し対策を立てられたとしても、すでにその一か月は過ぎ去ってしまっています。全ては後の祭りで、一か月分のロスは取り戻せません。ましてや、年次の管理では全く話になりません。本当に本気でコストダウンを成功させたいなら、リアルタイムで原価差異を把握すること、早期にアラームを出すこと、アラームが出たらアジャイルに行動修正することが MUST です。

一ヶ月前に食べたものを思い出せるか？

DX for Manufacturing!!

No.032 差異がなかったのか？　目標がなかったのか？

◆本当に本気なのか？　原価差異を示したP/Lが存在しない！

　現実には原価差異を示したP/Lはほとんどありません（1％未満）。そして10年ほど前に製造原価明細書が開示されなくなったのと同時に、原価差異はいよいよ開示されなくなりました。いわゆる財務会計が「人に見せる会計」である以上、P/Lに原価差異を表現したくないというのは止むを得ない成り行きかもしれません。しかし社内でも原価差異の情報が共有されていないなら深刻です。それでコストダウンが成功するはずはないからです。そして実際、多くの会社に原価差異の情報を共有する仕組みはありません。

◆差異がゼロなら、「差異＝ゼロ」と書く

　「徹底的なコストダウン」や「徹底的なムダ取り」といわれる活動を本当に本気でやるつもりなら、管理目標である標準原価と実際原価の差異をきちんと把握し、それをリアルタイムでP/L（社内管理用のP/L）にきちんと表現できるDXを目指しましょう。原価差異はコストの内訳ごとに、単価差異と数量差異を区別して表示します。仮に、本当に差異がゼロになったなら、誇らしく「差異＝ゼロ」と書きます。そうしなければ、
　①差異がゼロだったのか、
　②目標が管理されていなかったのか、
　③そもそも目標すらなかったのか、が全くわからないからです。

売上高	345,220
売上原価	
製品期首たな卸高	5,415
当期製品仕入高	278,763
当期製品製造原価	11,121
合計	295,299
他勘定振替高	▲73
期末製品たな卸高	5,767
たな卸資産評価損	7,889
原価差額	18,554
製品売上原価	316,048
売上総利益	29,172
販売費および一般管理費	35,421
営業利益	▲6,249

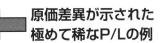

原価差異が示された
極めて稀なP/Lの例

No.033 原価差異を、単価差異と数量差異にわける意味

◆差異を、どのように2つにわけるか？

変動費（コスト）に生じた原価差異は、単価差異と数量差異に分解するのが差異分析の原則です。計算ロジックの基本は以下の通り。

単価差異の計算：標準単価と実際単価の差×実際消費量
数量差異の計算：標準使用量と実際使用量の差×目標単価

単価差異や数量差異は、慣例的に様々な名前で呼ばれることもありますが、意味は同じです。

	＜単価差異＞	＜数量差異＞
材料費の場合	価格差異	消費数量差異
変動労務費の場合	賃率差異	時間差異

なお、誤解の多いところですが、単価差異や数量差異が生じるのは標準原価が定められている変動費だけです。固定費では発生しないので注意しましょう。

◆分ける理由は、責任部署が違うから

変動費の原価差異を2つに分解するのは、単価差異の管理責任は調達部門、数量差異の管理責任は消費部門にあるからです。どこの部門の活動に原因があったかを明らかにしなければ、対策は立てられず、行動は修正されません。お金の流れも変わりません。

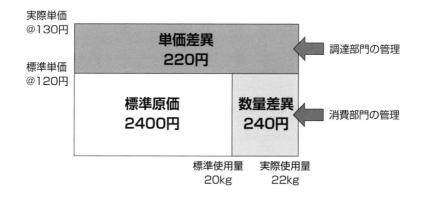

No.034 どれくらい厳密に測るか？　間接費と直接費の違い

◆直接費の差異

　ここも誤解が多いところなので、改めて直接費と間接費の違いを整理しておきましょう。直接費は個々の製品との対応関係を直接測定する費用です。例えば製品 A、B、C に材料を投入する場合、下記のように実際消費量を個々に測定し、製品 A、B、C それぞれの原価差異を把握するなら、この材料費は直接費です。

材料の標準使用量	5.0kg
製品 A の実際消費量	5.1kg（不利差異 0.1kg）
製品 B の実際消費量	4.9kg（有利差異 0.1kg）
製品 C の実際消費量	5.3kg（不利差異 0.3kg）

◆間接費の差異

　これに対し、間接費は個々の製品との対応関係を直接測定しない費用です。全体での消費量だけが測定され、それを事後的に製品 A、B、C に配賦します。従って、もし個々の消費量に有利な差異と不利な差異があっても相殺されてわかりません。こうした把握をするのは、個々の測定をするほどには重要性が無いと判断された場合です。

材料の標準使用量	5.0kg
製品 A の実際使用量	不明（5.1kg を配賦）
製品 B の実際使用量	不明（5.1kg を配賦）
製品 C の実際使用量	不明（5.1kg を配賦）
全体の実際使用量	15.3kg（不利差異 0.3kg）

１個ずつ測れば直接費、まとめて測れば間接費

No.035 間接費と固定費を混同しない

◆直接費は直課、間接費は配賦

　直接費と間接費は、ともに変動費であることに注意してください。本来なら全ての変動費について実際消費量を測定し、単価差異と数量差異を把握してアラームを出せばよいのですが、手間暇をかけて（費用もかけて！）個々に消費量を測定するだけの意義のない些末な変動費が存在するというのも現実です。そこで全体の消費量だけを測定して全体の差異を管理し、把握された実際消費量を個々の製品に事後的に配分するというのが本来あるべき配賦計算のロジックです。

直接費	直接的に消費量を測定し、直接的に原価算入する費用（直課）
間接費	間接的に消費量を測定し、事後的に原価算入する費用（配賦）

◆間接費＝固定費ではない

　ところが従来、「間接費」という言葉の定義はかなり曖昧でした。「生産活動に間接的に関係する費用が間接費だ」という説明の仕方もありますが、それでは直接費以外のこの世界の森羅万象が間接費になってしまい不都合です。本来の間接費は、間接的に消費を測定する費用です。

　DX をやるなら、会社の生産販売量の増減に関わらず発生する費用の名称は「間接費」ではなく「固定費」で用語を統一しておきましょう。間接部門という表現もありますが、本来なら固定費部門とでも呼ぶ方が誤解を招きません。

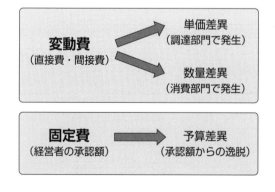

固定費からは単価差異と数量差異は発生しない

No.036 従来の原価計算では間に合わない！

◆固定費配賦と間接費配賦の違いに注意

　従来の固定費の配賦計算は、固定費を生産数で割ります。この計算は1ヶ月あるいは1年といった生産数の実績値（分母になる数字）が確定した後でなければ実行できません。従って固定費の配賦計算は、必然的に超バッチ処理にならざるをえません。

　これに対して間接費の配賦計算はかなり様相が違います。本来、個別直接的に測定すべき変動費を、計測コストをかける意義に乏しいため全体で測定し、後から各製品に配賦しています。直接費と間接費はともに変動費であり同時に発生するものですから、適切な活動データを取得できれば間接費の配賦計算はリアルタイムで実行可能なのです。

◆固定費を切り離せば、簡単にリアルタイム化できる

　システム内に必要な原価データは存在しているはずです。従来の原価計算に非常に長い時間がかかりリアルタイムの管理ができなかったのは、データがなかったからではなく（！）固定費の配賦計算を待っていたからでした。しかし今日では固定費の配賦計算そのものに経営的な意味がなくなっています。（この問題については P36 の参考を参照してください。）

　そこで変動費と固定費をしっかり分離し、変動費（直接費と間接費）だけの原価計算を実践すればリアルタイムで計算可能です。そして実際、変動費は外部環境との関わりの中で発生するものですから、リアルタイムで管理すべきです。そうしなければ、差異の発見が遅れ、原因分析が困難になり、ロスは垂れ流しになり、対策が手遅れになるからです。

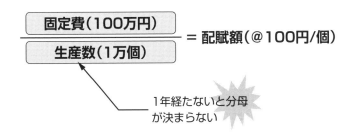

$$\frac{固定費（100万円）}{生産数（1万個）} = 配賦額（@100円/個）$$

1年経たないと分母が決まらない

固定費の配賦計算は、超バッチ処理

No.037	まず設計図を作り、アラームをリアルタイムに出す

◆コストダウンにも設計図がある

　本気で「徹底的なコストダウン」というものを目指すなら、最初にコストダウンの設計図を作らなければなりません。それはまず現状のコストの内訳を把握することから始まります。内訳が把握できたら削減目標を決めます。これは単価や使用量の見通しに基づいて決めなければなりません（気合や願望ではなく！）。目標を決めたことで認識されることになる原価差異は、単価差異と数量差異に分解できるようにデータの流れを作ります。それぞれの責任部署とやるべきことが異なるからです。あとはリアルタイムで差異の推移を確認し、アラームが出れば直ちに行動を修正します。

◆今まで、コストダウンの設計図を見たことがない！

　コストダウンに取り組むには、①変動費と固定費の分離、②コストを漏れなく網羅すること、③コストの内訳を把握すること、④目標を内訳ごとに決めておくこと、⑤原価差異を毎日把握すること、⑥検出された差異を単価差異と数量差異に分解することが MUST です。しかしこうした設計図を見たことがありません。DX で「徹底的なコストダウン」を目指すなら、コストダウンの設計図を必ず作りましょう。

	現状	削減目標	削減後	差異	差異分解
売上高	2000		2000		
－材料費A	800	20%	640	160	125 単価差異 / 35 数星差異
－材料費B	550	18%	451	99	65 単価差異 / 34 数星差異
－変動労務費	200	30%	140	60	40 単価差異 / 20 数星差異
－外注加工費	400	10%	360	40	40 単価差異 / 0 数星差異
－外注物流費	150	4%	144	6	3 単価差異 / 3 数星差異
－在庫金利	100	5%	95	5	3 単価差異 / 2 数星差異
＝付加価値	▲200		170		

いわゆる7つのムダ取りの対象

コストダウンの設計図

No.038 アラームが出た場合の行動（材料費の分析）

◆材料費の差異への対応

　世界人口の爆発、旺盛な需要、資源の枯渇などで、資源の囲い込みや争奪傾向が強まっています。レガシー化した日本経済の地盤沈下は深刻で、すでに「買い負け」が始まりました。原材料がいつでも、好きなだけ、安定した価格で入手できる時代は終わったのです。そんな中、今後の製造業にとって材料費の管理（特に単価差異の管理）は極めて重要な勝負どころになるでしょう。単価差異には調達活動の良否が表れるからです。

<単価差異→購買活動のチェック>
✔価格の変動は、適切に予測・対策されていたか？
✔為替の変動は、適切に予測・対策されていたか？
✔行き過ぎたジャストインタイム購買はなかったか？
✔そもそも実行不能な標準原価ではなかったか？

<消費数量差異→生産活動のチェック>
✔装置は故障していないか？
✔装置の設定は誤っていないか？
✔作業手順は誤っていないか？
✔そもそも実行不能な標準原価ではなかったか？

<注意すべきトレンド>
①ジャストインタイム購買が自由に追求できた時代は終わった
②日本経済の弱体化で、資源の「買い負け」が深刻化しはじめている
③GAFAはAIを駆使して購買行動の最適化に努めている（競争力！）

　材料費に不利な単価差異が検出され事業継続を困難にしているなら、それはイノベーションの不足やビジネスモデルの限界を意味しています。早急に製品コンセプトを変えたり、ビジネスモデルを見直したりする必要に迫られているということです。

資源名	可採年数	資源名	可採年数
鉄	70年	マンガン	56年
銅	35年	クロム	15年
亜鉛	18年	ニッケル	50年
鉛	20年	コバルト	106年
スズ	18年	ニオブ	47年
銀	19年	タングステン	48年
金	20年	モリブデン	44年
チタン	128年	インジウム	18年

全ての資源の可採年数は、驚くほど短い

DX for Manufacturing!!

No.039 | 2050年・排出ゼロに取り組む

◆化石燃料は40年で枯渇する、地下資源や生物資源も枯渇に向かう

「2050年までに脱炭素社会の実現を目指す」という目標が政府から示されました。こうした脱炭素の問題を語る時、「環境を取るか？　経済を取るか？」というレガシーな議論が常に湧き起こります。しかしそこには重大な見落としがあったことを製造業関係者は知らなければなりません。化石燃料（石油・石炭・ガス・ウラン）は、あと40年で（2060年頃に）全て枯渇するのです。

現在78億人の世界人口は100億人に向かって急増しています。しかもインターネットの浸透で、かつての発展途上国にも知識や技術が行き渡り、誰もが同じ豊かさを目指すようになりました。世界経済は指数関数的な成長を続けますが、歴史的に見れば「経済成長≒エネルギー消費」ですから消費量の増加も指数関数的です。それにも拘わらず、化石燃料の資源量を示す可採年数はゼロ成長で計算されています。指数関数の力は破壊的で、たった3％程度の成長を前提にするだけでも年間消費量が、100年で約20倍、200年で約400倍にもなります。

◆生存を賭けてやる！　排出ゼロへの取り組み

脱炭素は環境問題ではありません。経済そのものです。リアルを背負う製造業は材料費の抜本的節減やリサイクル、化石燃料に依存しないビジネスモデルへのシフトに今すぐ着手しなければなりません。この大仕事を成功させるには燃料消費のモニタリングが必要です。燃料消費から事業活動の CO_2 排出量を算出することもできます。消費削減の目標を定め、実績との差を数量差異として把握し、脱化石燃料への取り組みを加速することも、製造業のDXの重要な目標なのです。

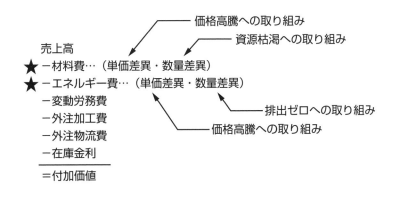

これからの主戦場になる

No.040 アラームが出た場合の行動（労務費の分析）

◆労務費の差異への対応

　労務費の管理もまた原価差異との戦いです。労務費の原価差異は、賃率差異と時間差異に分解できます。それぞれの差異に対する対策は以下の通りです。

<賃率差異／労務管理のチェック>
✔賃率の高騰は、適切に予測・対策されていたか？
✔人材不足は、適切に予測・対策されていたか？
✔そもそも実行不能な標準原価ではなかったか？

<時間差異／生産活動のチェック>
✔装置は故障していないか？
✔装置の設定は誤っていないか？
✔作業手順の誤まりや、無駄な作業はなかったか？
✔作業者の技量は十分だったか？
✔そもそも実行不能な標準原価ではなかったか？

<注意すべきトレンド>
①作業の標準化や自動化の進展で、時間差異を管理する重要性は薄れた
②工場作業者より、ホワイトカラーの生産性管理の方が重要になった
③GAFA は勤務時間の長短ではなく何を達成するかで管理している

　日本のコストダウンは、変動労務費の時間差異（数量差異）への取り組みだけに極端に偏っていました（No.037 コストダウンの設計図を参照）。それはコストの内訳を把握せず、コストダウンの設計図が作られていなかったからです。レガシーな活動に埋没する前に、原価の構成比がどうなっているかをしっかり確認しておきましょう。

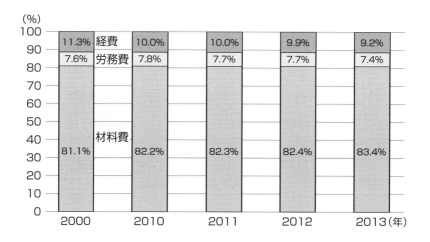

ある自動車会社の原価構成（2014 年以降は非開示）

No.041 | 労務費の分析で注意すべきこと

◆変動労務費と固定労務費との違い

労務費の中にも変動費（変動労務費）と固定費（固定労務費）があり、やはり管理目標が全く違います。

> ✔変動労務費…たとえばアルバイト、日雇い、派遣社員（※）
> ✔固定労務費…たとえば正社員、派遣社員（※）
> （※）派遣社員がコストなのか／資源なのかは、会社の考え方次第です

変動労務費は「コスト」ですから、なるべく使わないですむよう節減していくことが目標です。固定労務費は「資源」ですから、しっかり活躍してもらえるよう、支援・指導をしていかなければなりません。資源である人材はコスト呼ばわりされるべきではありませんし、従業員側も人材としての自覚を持ち主体的に行動しなければなりません。

◆カイゼンの強要はコンプラ違反

国内製造業のコストダウン活動を考える時、「カイゼン」に触れないわけにはいかないでしょう。カイゼンは国内製造業で伝統的に行われてきた生産性や品質や安全衛生を向上するための自主的な活動です。長年、日本のモノづくりを支えてきた輝かしい歴史を持つ反面、近年では、本来は自主的な活動であったはずのカイゼンが、はじめから経営計画に組み込まれ強制されるといった矛盾も多くなりました。さらに深刻な問題は、非正規社員に「自主的な活動」を要求するケースが少なくないことです。これは事実上のタダ働きの強要でありコンプライアンス違反、経営管理の甘えです。そして無理強いされた活動から、良いカイゼン成果が生みだされるはずはありません。

令和3年の経営目標

利益確保のため、徹底的なコスト削減を行う。
カイゼンの実施で、10%の原価低減を目指す。
ゼロ在庫を徹底する。
1分1秒もムダにしない。

カイゼンは 計画？　願望？　指示？　依頼？

DX for Manufacturing!!

推進 STEP.3／次は、コストをリアルタイム化

No.042 いつまでも、60年前の成功体験に縛られない

◆レガシー化した日本のカイゼン

　カイゼンを誇る日本の製造業が、レガシーP/Lを放置し、コストの内訳の見える化を推進してこなかったことは驚きであり、悲劇でもあります。有名な「7つのムダ」への取り組みは、日本のモノづくりの金字塔ではありますが、「かざってとうふ」と暗記したりするのは、もはやレガシーです。なぜならそれは、労務費の時間差異対策に極端に偏っていたからです（No.037参照）。その一方で他の材料費の調達戦略や固定費側の生産性向上、イノベーション促進などのテーマは、ずっと手付かずのままでした。しかし時代はどんどん変わっているのです。

> （か）加工のムダ…不要な工程や作業　　　　　　　→時間差異の対策
> （ざ）在庫のムダ…不要な在庫を作る　　　　　　　→時間差異の対策
> （つ）つくりすぎのムダ…不要なモノを余分につくる　→時間差異の対策
> （て）手持ちのムダ…やれる仕事がない「待ち」の状態　→時間差異の対策
> （と）動作のムダ…不要な動き　　　　　　　　　　→時間差異の対策
> （う）運搬のムダ…不要なモノの移動・仮置き　　　→時間差異の対策
> （ふ）不良のムダ…不良品や手直しが必要なモノをつくる　→時間差異の対策

◆スコアカードとナビゲーターで、日本のカイゼンを再び進化させる

　昨今、製造原価に占める変動労務費の比率低下、自動化・標準化の進展、スキルレス化によって7つのムダを管理することの相対的重要性が薄れました。その一方で放置されてきた他の多くの費用は、手付かずの可能性という意味で膨大な宝の山です。DXで、この宝の山を見つけてください。

産業革命の花形でさえ、今ではレガシー

DX for Manufacturing!!

54

No.043　コスト・スコアカードとコスト・ナビゲーターを作る

◆昨日を振り返るコスト・スコアカード

　コストのデータがリアルタイムに共有できるようになったら、コスト・スコアカードを作りましょう。コスト・スコアカードに表示されるのは、例えばこんな項目です。

✔昨日のコストの内訳
✔コストの内訳別のトレンド（増えた／減った）
✔昨日の原価差異（コストの内訳別の単価差異、数量差異）の状況とアラーム
✔原価差異のトレンド分析とアラーム
✔原価差異の累積値とアラーム

これらのデータを総合的に評価し、昨日のコスト管理活動をスコア化して表示します。

◆明日のコストを考えるコスト・ナビゲーター

　原価差異が発生したら、その原因分析をしてナレッジベース化していきます。一般に、単価差異は外部要因、数量差異は内部要因であることが多いです。原因はある程度パターン化して記録しておくと検索するのに便利です。差異の原因が内部要因（作業ミス、作業者間の習熟度の差、装置の設定ミス、装置の故障など）の場合は、蓄積したデータと AI を活用し、コスト・ナビゲーターを構築できます。実際に差異が出てしまう前にアラームを出し、差異の発生が予防できるようにすることが目標です。

　外部要因（材料価格の高騰、相場変動）の場合は少々深刻です。差異の発生状況を見ながら、それが一時的な差異なのか恒久的な差異なのかを見極め、恒久的な差異の場合は標準原価を変更すべきか否かの判断をしなければなりません。それによりビジネスモデルそのものが成り立たなくなるケースもあるので要注意です。材料の買い方や、在庫戦略との連動も必要です。社外のオープンデータを利用して価格変動を一定精度で予想できるようになれば、それだけでも大きな競争力になります！

並べる　：時系列などのルールに沿って並べる
比較する：自社データと外部データを比較する
繰り返す：足りないデータを追加し、分析を繰り返す

データ分析の基本

No.044 | 販売費や在庫金利も分析する

◆販売費も変動費を含んでいる

　従来の P/L では販売費が売上原価（≒製造原価）になっていませんでしたが、販売費の中にも変動費は含まれています。しかも、その重要性がどんどん増しています。

> ✔ネット販売をする際の通信費などの経費
> ✔カード決済をする場合の金利負担
> ✔即日配当をするための外注物流費、倉庫費
> ✔製品に関する質問を受け付けるコールセンターの運営費、等々

　販売費を戦略的に管理するためには、一般管理費から切り離して、売上原価側に移動しておかなければなりません。そして販売費を構成する重要な変動費にもそれぞれの標準値を設け、実績値と比較し、差異管理の PDCA を回していかなければならないということは他の売上原価（製造原価系のコスト）と全く同じです。

◆営業外費用も変動費を含んでいる

　流動資産回転数が一定だとすれば、サプライチェーン上を循環する流動資産の金額は、売上高を増やせば増やすほどそれに比例して増えていきます。ですから流動資産を調達するための運転資金の金利も変動費です。変動費であれば、標準値を設定し実績値と比較して、差異管理の PDCA を回さなければなりません。売上高を目標回転数で割って管理目標とすべき流動資産の金額を求め、管理目標としている利率を掛ければ、在庫金利の標準値を求めることができます。

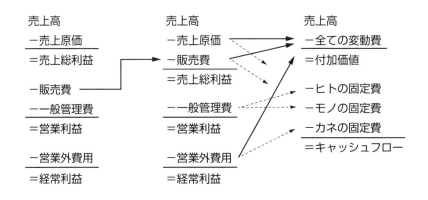

P/L を、どんどん進化させる

No.045　DX でコストを一体管理するための工夫

◆販売費と在庫金利を組み込む

　製品を販売した時には、売上高と製品の原価を対応させて粗利を求めます。しかしこの計算には変動販売費や在庫金利が組み込まれていませんでした。変動販売費を組み込む方法の一つとしては、日次で発生した全ての売上に対し、その日に発生した変動販売費を対応させることなどが考えられます。売上高に対する標準的な変動販売費を目標として設定しておき、実績の販売費と比較して販売費差異を算出します。

　在庫金利を組み込む方法としては、その日1日の流動資産額（例えば、夕方の流動資産額）に、管理目標としている運転資金の利率を乗じた金額を対応させることが考えられます。目標の在庫回転数から計算される目標在庫額と実際の在庫額の差に運転資金の利率を乗じれば、在庫金利の差異（数量差異に相当するもの）を求めることができます。

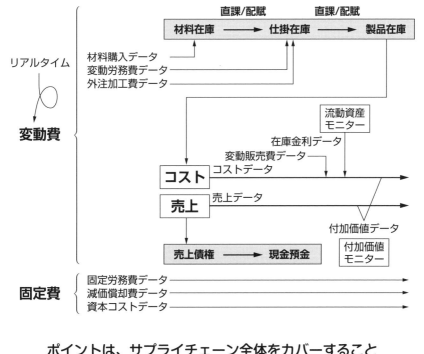

ポイントは、サプライチェーン全体をカバーすること

// Summary and conclusion! //

恐竜の道

✔ 原価差異の分析をリアルタイム化しない DX
✔ 期末までロスを垂れ流して平気な DX
✔ 単価差異と数量差異を分けない DX
✔ 材料の調達戦略に無関心な DX

哺乳類の道

✔ 原価差異の分析をリアルタイム化する DX
✔ ロスを垂れ流しにしない DX
✔ 単価差異と数量差異をしっかりわける DX
✔ 材料の調達戦略に取り組むための DX

推進 STEP.4
さらに、在庫をリアルタイム化

Anytime, Be Agile!

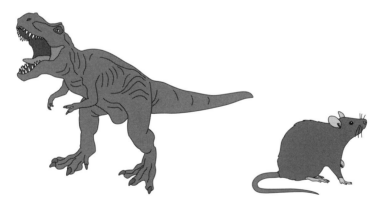

Dinosaur's way ← → Mammal's way

No.046 | AIで在庫の最適化を目指す

◆かつて、製造業は威張っていた

　今も製造業には「ゼロ在庫」や「リーン生産」といった考え方が根強いようです。これらも原価計算基準と同じく60年くらい前の発想でした。当時は物不足で、どんな製品でもよく売れたのです。「製造業、天上天下唯我独尊」（製造業がいちばん偉い！）。いうなれば、門前にお客様の列ができていて、お待たせしても支障がなかった時代です。しかし今日では世の中にモノがあふれています。真に競争力のある製品は稀になり、ネット販売やカード決済、即日配送、アフターサービスといった理由で製品が選ばれる時代になりました。そして自由自在な品ぞろえが可能な先進的流通業に比べ、自社製品というリアルに縛られた製造業は圧倒的に不利な状況に置かれています。

◆さらばゼロ在庫、アマゾンはAIで戦っている

　「ゼロ在庫」は製造業の傲慢（！）であり、お客様の視点に立った発想ではありません。そんな業界が社会の支持を失って衰退するのは世の必然です。製造業が真剣に生き残りを目指すなら、お客様の目線に立って在庫の最適化を目指さなければならないのです。供給を安定化し納期も短縮する、機会損失を出さず死に筋在庫も作らない、などなど。しかし在庫の最適化を提案すると「常識に反する」「やりかたが分からない」と言われてしまいます。「一緒に考えましょう！」と申し上げても連絡はこない。ここにもレガシーマインドが…もちろん、新しいセオリーを創り上げるのは簡単ではありませんが、在庫の最適化から逃げてはいけません。コンビニやアマゾンなどの先端流通業はAIを駆使して戦っています。適正在庫を見抜く力こそ、これからの競争力の源泉です。

製造業は、お客様より偉いのか？

No.047	やっぱり、在庫ナビゲーターが欲しい！

◆「ゼロ在庫」は、在庫問題からの逃避だった

　昨今の厳しいビジネス環境の中、経営革新と称してレガシーな「ゼロ在庫」を指導される場面が増えました。しかし、「それならなぜ、ゼロ在庫を目指すのですか？」と質問しても答えられない人ばかり。そんな在庫問題は、DXで取り組むべき最優先テーマのひとつです。

　実は今から60年前、適切な需要予測が出来なかった製造業は無駄な製品在庫を抱え、廃棄損を出すケースが多かったのです。レガシーロジック（全部原価計算）に由来する「固定費を薄める」という発想も、その傾向に拍車をかけていました。そこで、お客様から「欲しい」と言われるまで製品を作るな、在庫を持つな、と指導されるようになったのです。しかし、実際のところ「ゼロ在庫」というセオリーは在庫問題からの逃避でしかありません。今日のビジネスは、お客様が何を欲しがるかを予測する力（Demand forecast）、さらにはお客様が欲しそうなものをこちらから薦めていく力（Recommendation）の勝負になりました。「欲しいと言われたら作る」という態度では、時代に取り残されてしまいます。販売計画と在庫管理を連動させることすらできません。

◆日々の在庫をどうすべきか教えてくれるナビゲーター

　取り扱う商品の選択の自由がある流通業に比べ、製造業は自社製品というリアルに縛られています。DX時代の製造業の戦い方は、①競争力ある独自製品の開発や製品の提供形態の見直し（ただしこれには時間がかかる）、②まとめ買いを解禁して原材料の合理的調達に務める、③安定供給の責任をしっかり果たしながら、在庫最適化で短納期と廃棄損のバランス点を見つけるなどです。そして、その判断を支援するのがAIを応用した在庫ナビゲーターです。

目指せゼロ在庫
在庫は罪子だぁ～

必要なのは精神論ではなく、在庫ナビゲーター

No.048 在庫ナビゲーターの基本ロジック

◆売上高の予想値と、目標在庫回転数が起点になる

在庫ナビゲーターを実現するためには、以下の2つの数字が必要です。

①売上高の予想値（あるいは目標値）

②管理目標とする在庫回転数

なぜなら、予想売上高÷目標回転数＝目標在庫高だからです。

＜①売上高の予想値の設定＞

年次／月次を問わず、事業計画を立てる際には必ず売上高の予測値（あるいは目標値）を決めるはずです（No.073 の売上ナビゲーターを参照）。ですから事業計画をスタートする時にはこの予測値に基づいて計算した在庫を準備しておかなければなりません。しかし売上高は常に変動し、当初の予測値から次第に乖離していきますから、準備すべき在庫高も修正し続けなければなりません。売上高の新しい予測値の1つの目安は、直近数日間の売上高を年換算して求めることができます。例えば、年間営業日数 250 日、直近 5 日間の売上高合計が 7.2 億円だった場合、売上高の新しい予想値を 7.2 億円÷5 日×250 日＝540 億円と設定するといった具合です。

＜②管理目標とする在庫回転数の設定＞

在庫回転数をどの程度に設定すれば廃棄損と欠品のバランスが取れるかは高度なノウハウです。事業毎に異なりますが、十分なデータが蓄積されていない場合は過去の実績に基づいて暫定的に設定し、運用結果を見ながら逐次修正していきます。在庫ナビゲーターは、適切な回転数の探査とナレッジ蓄積のためのツールでもあります。

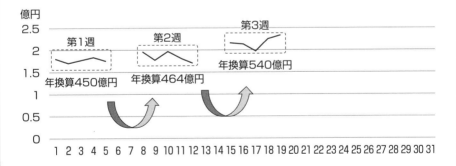

状況は、時々刻々と変化する

No.049	５つの在庫ナビゲーターが基本になる

◆５つの在庫ナビゲーターを設計する

「在庫をゼロにしろ！」 じゃなかった「在庫を適正化しろ！」
と言っても、在庫にもいろいろあります。材料在庫、仕掛在庫、製品在庫など。そして
それぞれの適正在庫量（適正回転数）は絶対に同じではありません。全部の目標が
ゼロ在庫であるはずもありません。さらには、工場在庫だけではなく売上債権や現金
預金などの当座資産の管理も適切に行わなければなりません。そうしなければサプラ
イチェーンが一巡しないからです。したがって、在庫のリアルタイム管理のためには、
５つの在庫ナビゲーターを準備することになります。

① 材料在庫ナビゲーター
② 仕掛在庫ナビゲーター
③ 製品在庫ナビゲーター
④ 売上債権ナビゲーター
⑤ 現金預金ナビゲーター

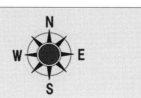

材料在庫、仕掛在庫、製品在庫、売上債権、現金預金の目標回転数と目標在庫高は、
必ず個別に設定しましょう。仮に年間の目標売上高が450億円、材料在庫の目標回転
数が5.0回転だった場合、材料の目標在庫は450億円÷5.0回転＝90億円となります。
以下同様に、他４つの在庫の目標回転数と目標在庫高も決めていきます。

各回転数の一般的な適正値は、仕掛品や製品は高め（ムダに持たないということ）、
材料については低め（適正に持つということ）になると想定されます。材料在庫をし
っかり確保することは、超短納期の実現や安定供給責任を果たす上での大前提です。

サプライチェーン	目標売上高		目標回転数		目標在庫高
材料	（ 450 億円）	÷	（ 5.0 回転）	＝	（ 90 億円）
仕掛品	（ 450 億円）	÷	（30.0 回転）	＝	（ 15 億円）
製品	（ 450 億円）	÷	（18.0 回転）	＝	（ 25 億円）
売上債権	（ 450 億円）	÷	（ 3.6 回転）	＝	（125 億円）
現金	（ 450 億円）	÷	（10.0 回転）	＝	（ 45 億円）
合計	（ 450 億円）	÷	（ 1.5 回転）	＝	（300 億円）

５つの回転数への分解例

No.050 | 在庫ナビゲーターで実現する、在庫のリアルタイム管理

◆在庫をリアルタイム管理する意味

「DX で在庫をリアルタイム管理しましょう！」と申し上げた場合、最初に思い浮かぶ活動目標は、

> ✔5 つの在庫の実際の金額を、常に把握できるようにする

ではないかと思います。しかしそれだけなら既存の在庫管理システムでもできなかったわけではありません。せっかくの DX ですから、もう一歩、踏み込んでみましょう。

> ✔5 つの在庫の目標回転数を個別に設定し、目標在庫高を示せるようにする
> ✔回転数を決め放しにせずナビゲーターを見ながら柔軟に変更できるようにする
> ✔年間売上高の予測値の変化を、目標在庫高に柔軟に反映させられるようにする

　例えば、期初に事業計画をスタートした時の予測売上高（あるいは目標売上高）が450 億円（5 営業日なら 9 億円、年 250 営業日で 450 億円）だったのに対し、実際に走り出してみた結果が思いのほか好調で、新しい予測値が 540 億円（5 営業日なら 10.8億円、年 250 営業日で 540 億円）に修正された場合、仮に目標在庫回転数は同じでも、目標在庫高は変更しなければなりません。売上高の目標管理と在庫管理は高度に連携しなければならないということです。DX 後なら、こうした指示を AI で出せます。

新しい予想売上高(↑)÷目標回転数＝新しい目標在庫高(↑)

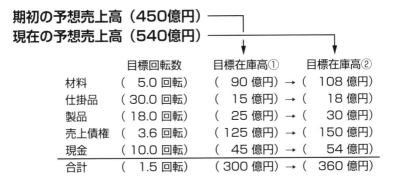

期初の予想売上高（450億円）
現在の予想売上高（540億円）

	目標回転数	目標在庫高①		目標在庫高②
材料	（　5.0 回転）	（　90 億円）	→	（　108 億円）
仕掛品	（ 30.0 回転）	（　15 億円）	→	（　　18 億円）
製品	（ 18.0 回転）	（　25 億円）	→	（　　30 億円）
売上債権	（　3.6 回転）	（ 125 億円）	→	（　150 億円）
現金	（ 10.0 回転）	（　45 億円）	→	（　　54 億円）
合計	（　1.5 回転）	（ 300 億円）	→	（　360 億円）

目標在庫高の修正

| No.051 | 在庫ナビゲーターの基本デザイン |

◆在庫ナビゲーターに必要な情報

　せっかく在庫ナビゲーターをデザインするなら、なるべく多くの情報を表示したくなります。しかし過多な情報も扱い難いものです。そこで真に適正な在庫量を明らかにするために情報をある程度絞り込まなければなりません。在庫量を個別製品や部品レベルまで細分化して表示する場合には、かなりの絞り込みが必要になるでしょう。

　絞り込んだ情報のイメージを示します。これが在庫ナビゲーターの基本形です。

①現状の在庫額が表示されること
　下記の例では 100 億円
②目標在庫額の計算根拠になる売上高実績の反映日数を変更できること
　下記の例では直近の 5 営業日。日々の変動が激しければ反映日数を伸ばす
③目標在庫額の計算根拠になる目標回転数を変更できること
　下記の例では 4.5 回転。回転数を上げると目標在庫が減り、厳しい運用になる
④目標とすべき在庫額が表示されること
　下記の例では 120 億円
⑤反映日数や回転数の変更判断のため、トレンドを示すグラフが表示されること
⑥現状在庫と目標在庫に重要な乖離があった場合、アラームが発報されること

在庫ナビゲーターの基本イメージ

No.052 | 在庫回転数を作り込む（①材料在庫のケース）

◆DX で材料在庫ナビゲーターを設計する

「ゼロ在庫」の発想からなるべく乖離しないためには、材料在庫だけはしっかり確保し、製品を短納期で作り上げるのが理想かもしれません。しかし超短納期化の要請が強まっている昨今、予め需要を予測して適正量の製品在庫を作り込んでおくことも必要です。実際にアマゾンなどの先進流通業では、そうした予測能力が競争力の源泉になっています。この分野は AI が最も力を発揮できる場面だといえるでしょう。

◆在庫切れの兆候に注意を払う

従来の財務指標では、在庫回転数は高いほど「良い」とされてきました。しかし材料在庫の目標回転数を実際回転数が上回っている場合、手放しで喜んでいてはいけません。なぜなら、意図せざる回転数の上昇は、原材料在庫の欠品を示唆するケースがあるからです。

在庫ナビゲーターでは、直近（例えば直近 5 日間）の売上高実績と目標回転数（例えば 5.0 回転）で計算される目標在庫額を、現状在庫額が下回ってしまった場合、アラームを発報します。アラームの原因を調査した結果、実際に欠品が起きていたなら、材料在庫の目標回転数そのものを下げる（在庫を増やす）ことを検討すべきかもしれません。季節変動（または積極的な販売戦略）があれば、それも設定回転数に反映させます。DX でナレッジを蓄積しましょう。

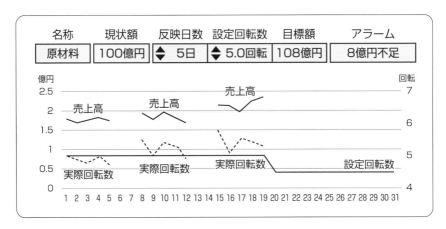

①材料在庫ナビゲーター

No.053 | 在庫回転数を作り込む（②仕掛在庫のケース）

◆DX で、仕掛在庫ナビゲーターを設計する

　納期の超短縮が強く求められる今日、工程通過時間（リードタイム）の変化に注意を払うことも大切です。リードタイムは、仕掛在庫回転数の逆数として求められます。

> ✔1 回転の逆数は 1 年（365 日）となる
> ✔12 回転の逆数は 0.083 年（30 日）となる、など

◆リードタイムをモニタリングする

　直近（例えば直近 5 日間）の売上高実績と目標回転数（例えば 30 回転）で計算される目標在庫額を、現状在庫額が上回っている場合、リードタイムの遅延としてアラームを発報します。逆に下回った場合もアラームを出し、原因調査を促します。

＜リードタイムが、目標より長くなっている場合＞

　下記の事例では 1.4 日の遅延を生じています。今日、多くの工程が標準化・自動化されていますから、装置の故障や、生産能力を超えてしまっている可能性があります。装置を点検し、隘路工程に対する手当（設備投資、増員、外注）も検討しましょう。

＜リードタイムが、目標より短くなっている場合＞

　一般には歓迎されますが、原因は明らかにすべきです。目標回転数が低すぎた可能性もあります。もし何らかのイノベーションがあったなら、水平展開を目指します。

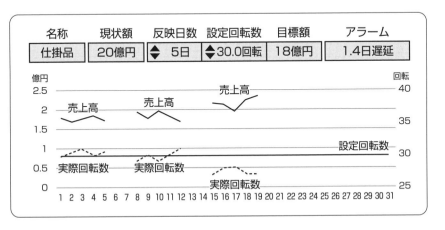

②仕掛在庫ナビゲーター

DX for Manufacturing!!

No.054 | 在庫回転数を作り込む（③製品在庫のケース）

◆DX で、製品在庫ナビゲーターを設計する

　一般に在庫回転数は上昇するほど良いとされます。昨年よりも今年、今年よりも来年という具合に無限の上昇を求められることが多いのは、最適値を決めるためのロジックが明確ではなかったからでしょう（本書では回転数を在庫金利に変換して最適値を求めています／No.57 在庫金利を参照）。いわゆるゼロ在庫が完全に実現された場合の在庫回転数は無限大となります。しかしゼロ在庫という目標設定はお客様の目線でなされるものではなく、工場側の勝手な都合（願望）に過ぎません。工場在庫（原材料、仕掛品、製品）に対して一律のゼロ在庫を目標とするのはレガシーであり、ずさんだと感じます。工場在庫ばかりが叩かれる一方で、流動比率の縛りから、当座資産（売上債権や現金預金）が多額に寝かされている（！）という矛盾も起きています。

◆欠品の兆候に注意を払う

＜製品在庫回転数が、目標より上がっている場合＞

　製品在庫の回転数は上昇するほど良いといわれますが、目標を超えて上昇している場合は、欠品による売上機会の損失を懸念しなければなりません。調査が必要です。

＜製品在庫回転数が、目標より下がっている場合＞

　製品在庫回転数が目標より下がっている場合は、滞留在庫と廃棄損の発生が懸念されます。原因を調べ、滞留在庫の処分も進めなければなりません。

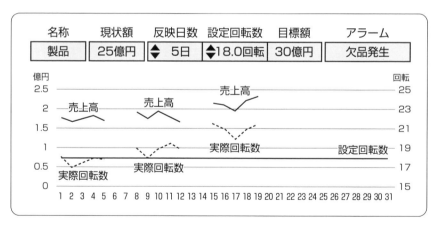

③製品在庫ナビゲーター

No.055 在庫回転数を作り込む（④売上債権のケース）

◆DX で、売上債権ナビゲーターを設計する

　従来の P/L は、工場外の活動（売上原価にならず、関連費用が販売費や営業外費用側に属する活動）に無関心でした。しかし売上債権の回収が完了するまではサプライチェーンは一巡しません。今まで見落とされがちだった売上債権もまた重要な在庫のひとつ（見えない在庫）であり、目標回転数を設定して管理すべきものです。

◆売上債権の回収漏れに注意を払う

　売上債権の在り方は、お客様側にとっての製品購入の利便性にも関わることであり、ビジネスモデルと直結している場合が少なからずあります。また、財務指標（流動比率や当座比率）の見かけを飾るため意図的に多額に放置されているケースも少なくありません。寝ているのは工場在庫ではなく当座資産なのです。しかし意図せざる回転数の変化があった場合には、その原因を調査し、対策する必要があります。

> ✔売上債権を放置すると運転資金がショートする。ムダな借入金利も発生する
> ✔売上債権の回収が計画通りに進まないのは、不良債権化の兆候かもしれない

　下記の事例では、目標額が現状額を 6 億円超過しているためアラームが出ています。こうした場合、見かけを取繕うためだけにファクタリングするのは本末転倒なので（案外多い？）、金利を変動費に組み込んでコスト全体の適正化を目指しましょう。

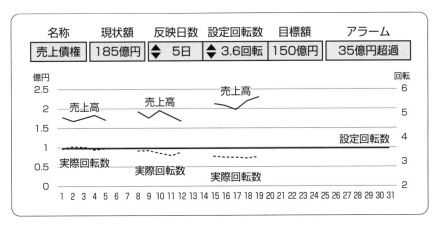

④売上債権ナビゲーター

No.056 | 在庫回転数を作り込む（⑤現金預金のケース）

◆自己資本はタダではない

　流動負債のコスト（下記の例では3％）に対して、事業資金のコスト（WACCと呼ばれるもの／下記の例では10％）は、かなり高いのが通例です。これは自己資本のコストが相対的に高いからです（※）。在庫を減らせと言われる一方で、流動比率（流動資産÷流動負債）が高いことは財務的に良いことだと言われますが、流動比率を過度に上げると流動負債だけでは在庫が調達しきれません。自己資本への食い込みが大きくなって高コスト体質になるので要注意です。流動比率の状況を見極めながら、必要以上の現金預金や売上債権を寝かさないようにすべきです。

（※）自己資本（株主払込＋内部留保）はタダと誤解されることが多いですが、実は出資者にとって元利保証のないハイリスクの株式投資であり、高コストな資金です。

◆流動比率の上げ過ぎに注意が必要

　現金預金や売上債権を過度に寝かさないため、下記の現金預金ナビゲーターでは、以下のロジックでWACC側への食込コストを計算しています。

① 目標とする買入債務は、売上債権の目標額と同額としている
　　（150億円）　　　　　　　　（150億円）

② 目標とする流動資産額を目標流動比率で割り、目標とする流動負債額を求める
　　（360億円）　　（150％）　　　　　　　　　（240億円）

③ 流動資産と流動負債の差額に、調達コストの差を乗じる→計画内の食込コスト
　　（360−240＝120億円）　　（10−3＝7％）　　　　（8.4億円）

	目標回転数	目標在庫額	現状在庫額		目標金額	現状金額	
材料	（ 5.0回転）	108億円	100億円	買入債務	150億円	145億円	コスト 3%
仕掛品	（30.0回転）	18億円	20億円	借入運転資金	90億円	55億円	
製品	（18.0回転）	30億円	25億円				
売上債権	（ 3.6回転）	150億円	185億円	計画内食込	120億円	130億円	コスト 10%
現金	（10.0回転）	54億円	60億円	計画外食込		60億円	
合計	（ 1.5回転）	360億円	390億円	合計	360億円	390億円	

計画流動比率 ⬍150%

計画内食込コスト	8.4億円	9.1億円
計画外食込コスト		4.2億円

⑤現金預金ナビゲーター

No.057　在庫回転数から在庫金利へ

◆在庫回転数は、在庫管理業務上の目安に過ぎない

　従来、在庫回転数は財務会計の重要 KPI と位置づけられ、その数値が高いことが良いことだとされてきました。在庫回転数のみならず固定資産の回転数も同様です。そして見かけの回転数を飾るため、棚卸日だけの在庫削減や、固定資産の形式的なオフバランス化※といった不健全な会計操作が行われることが多々ありました。それはROA を重んじる財務会計に、以下のような分析方法が定着していたからです。

$$\frac{利益}{総資産} = \frac{利益}{売上高} \times \frac{売上高}{資産額}$$

$$\text{(ROA)} \quad \text{(売上高利益率)} \quad \text{(資産回転数)}$$

　しかし資産回転数（在庫回転数や固定資産回転数）が飾られた数字であるだけではなく、実は利益や利益率さえも操作可能な数値なのです（No.69 の利益ではダメ、付加価値を見るべき理由を参照）。従って従来の ROA は、事業が生き残るための経営指標には必ずしもなりません。経営が真に目指すべきは付加価値の増大です。そして従来の在庫回転数は在庫金利に変換されることで、付加価値に及ぼすインパクトを見える化し、他の要因（在庫確保→納期短縮による売価回復、在庫確保→まとめ買いによる材料費節減など）とのバランスの中で、持つべき在庫の最適値を判断できるようになります。

（※）一例としてセール・アンド・リースバック取引があります。これは固定資産を形式的に他社に売却してリースに切り替えることで、その固定資産が法的には他社の資産に見えるよう操作することです

◆在庫金利の計算式

　在庫管理に必要な在庫金利の金額は、売上高を目標回転数で割って目標在庫高を求め、この在庫高に運転資金の目標コスト（例えば3％）を乗じて求めます。

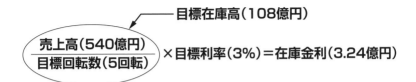

回転数の在庫金利への変換

No.058 流動資産全体をモニタリングする

◆5 つの在庫ナビゲーターのデータを集約する

　5つの在庫全体の状況を概観してバランスをとるために、各在庫ナビゲーターのデータを集約した流動資産全体のモニタリング画面も作っておきましょう。在庫ナビゲーターが各業務部門の担当者用の画面だとすれば、流動資産モニタリングは財務部や経営層向けの画面になります。ここには在庫の名称、現在額、目標額、発報中のアラーム、設定回転数を示すとともに、今までの実績値と、今後の見込み値から計算される在庫回転数の着地見込と、在庫金利の着地見込を表示します。数字は目標（当然それは正しい目標でなければなりませんが）に向かって作り込んでいくべきものです。従来のように期が締まってから回転数が良くなった／悪くなったと騒いでも後の祭りです。

◆読み取るべきこと

　各ナビゲーターからは、以下の情報を読み取ることができます。

材料在庫ナビゲーター → 原材料調達活動が順調かどうか
仕掛在庫ナビゲーター → 工程トラブルの有無や能力オーバーの有無
製品在庫ナビゲーター → 欠品による機会損失の有無、廃棄損発生の兆候
売上債権ナビゲーター → 不良債権化の兆候
現金預金ナビゲーター → 食い込みコストの原因になる余剰資金の有無

名称	目標額	現状額	アラーム	設定回転数	着地見込	着地金利
原材料	108億円	100億円	8億円不足	5.0回転	5.2回転	3.1億円
仕掛品	18億円	20億円	1.4日遅延	30.0回転	28.0回転	0.6億円
製品	30億円	25億円	欠品	18.0回転	20.7回転	0.8億円
売上債権	150億円	185億円	35億円超過	3.6回転	3.8回転	4.3億円
現金	54億円	60億円	6億円超過	10.0回転	9.5回転	1.7億円
合計	360億円	338億円		1.5回転	1.6回転	10.4億円

流動資産のモニタリング

No.059 | 今まで B/S を見ていなかった在庫削減

◆唇を真っ青にして、震える班長

　ある工場をスーツ姿で見学していた時のこと、突然、班長さんが駆け寄ってきて猛然と何かを私に謝り始めました。「いったい何を謝っているのですか？」と問うと、「前後工程の能力差で仕掛品が溜まっており申し訳ありません。仕掛品がお金の山だということは私も理解しています。不良を出さずに頑張るので今日はお許し下さい」班長さんは唇を真っ青にして震えていました。
「ご苦労様です。これからも頑張ってくださいね！」と励ますと
「今日は怒らないのですか？」と驚くので、こちらが驚いてしまいました。班長さんは毎日何を怒られていたのでしょう？　こんな現場からは何も生まれはしません。

◆レガシー化しているのは、関係者のマインド？

　後日、会社の B/S（バランスシート）を調べると、仕掛品の 37 倍も当座資産（現金預金と売上債権）が寝ていたのでまた驚きました。多くの国内製造業で、在庫削減（目標はゼロ在庫らしい）は起死回生の経営目標だと言われているようです。しかし B/S すら見ないで行われている在庫削減とは何なのでしょうか？（P/L すら見ないコストダウンも同罪）流動資産の在り高をリアルタイムに見える化する必要性を強く感じますが、その前にまず関係者のレガシーマインドやレガシー化した KPI を改めなければ、せっかくのデータも永遠に活かされはしません。DX を契機に在庫のあるべき姿をしっかり話し合えるなら、それが真のトランスフォーメーションの入り口です。

（単位：百万円）

	当連結会計年度 （2020年3月31日）
資産の部	
流動資産	
現金及び預金	101,552
受取手形及び売掛金	175,687
商品及び製品	14,297
仕掛品	7,516
原材料及び貯蔵品	15,527
その他	18,011
貸倒引当金	△3,673
流動資産合計	328,882

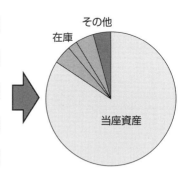

今活かされないデータは、DX 後も活かされない

No.060 ゼロ在庫から最適在庫へ

◆家庭で、ゼロ在庫をやっているか？

ところで、みなさんの家庭では「ゼロ在庫」をやっていますでしょうか？　例えば、玉ねぎが特売だったらどうするか？　少しまとめて玉ねぎを買うことはないでしょうか？　もちろん、まとめ買いにはメリットとデメリットの両方があります。

＜メリット＞	＜デメリット＞
✔食材費を節約できる	✔少し預金を引き出さなければならない
✔こまめな買い物の手間が省ける	✔玉ねぎを少しムダにするかもしれない

大切なのはバランスです。誰でもバランスを瞬時に判断して買い物をしているはずです（結果的に、それが正解か否かはともかくも）。それにもかかわらず
「必要な食材を、必要な時間に、必要な量だけ、コンビニに行って買いなさい」
と言ったら大騒ぎになるのではないでしょうか？　会社の在庫も同じです。

◆なぜ GAFA のセオリーを目指さないのか？

「最適在庫と言われたって、どうしたらよいかわからない」
と質問されることもありますが、AI 等を駆使して工夫するのがこれからの勝負どころです。実際に、それが GAFA（例えばアマゾン）の競争力の源泉にもなっています。GAFA を目指せと言われるのに GAFA の在庫管理をお手本にせず、いつまでもレガシーなゼロ在庫ばかりを指導し続けているのは関係者の大いなる怠慢だと感じます。

DX で在庫戦略をトランスフォーメーションし、厳しい時代と戦ってください。

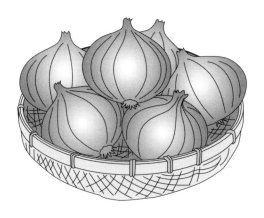

AI で最適在庫を構築する

No.061	不正直指数（Dishonesty Index）に向き合う

◆不正直指数をゼロにしよう

　いくつかの現場で、実地棚卸の日が近づくたびに慌てて在庫を減らしていました。実地棚卸の頃のデータがB/S（バランスシート）に反映され、在庫回転数などのKPIが計算されていくからです。でも、これでは会社の在庫量の本当の実力は分かりませんし、数値を操作することに慣れてしまうという意味で極めて危険な行動ですらあります。

　こうした数値操作を解消するには、在庫管理システム上に既に存在しているはずのデータを1年間平均した真の在庫量と、B/Sに現れる見かけの在庫量を比較し、「不正直指数」を計算すると良いでしょう。例えば、真の在庫量が130億円、見かけの在庫量が90億円なら、不正直指数は31％（＝（130億円－90億円）÷130億円）です。不正直指数がゼロに近くなければ、会社の在庫削減は失敗しているということです。

◆DXを、問題先送りの口実にしない

「最新のIT機器がないから、業務プロセスが変えられない！」
等々、DXを言い訳にして2025年まで業務改革を先送りするのは危険です。今活かされないデータは、DXをやった後も活かされはしません。しかし今できることから手を付ければ、DXがさらにそれを加速してくれます。DXで強い会社を作りましょう。DXで最適在庫を見つけましょう（それは結果的にゼロ在庫かもしれません／そうではないかもしれません）。最適在庫を決めたら毎日それを目指しましょう。見かけだけ、棚卸日だけやるのではなく！

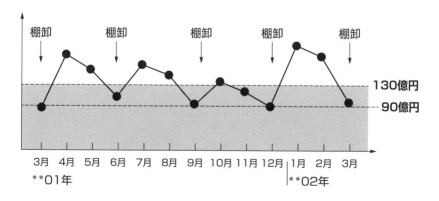

ある現場で見た在庫の動き

No.062　在庫が変われば、会社が変わる

◆在庫問題を聖域にしない

　従来、聖域になりがちだった在庫問題ですが、DX を契機に在庫を見直すことは、会社のビジネスモデルの変革、企業風土の変革の入り口であり、競争力を高めます。ここでもう一度、DX でやりたかったことを確認しておきましょう。

> DX は、企業がビジネス環境の変化に対応し、データとデジタル技術を活用して、顧客や社会のニーズを基に、製品やサービス、**ビジネスモデルを変革**するとともに、業務、組織、プロセス、**企業文化・風土を変革**し、競争上の優位性を確立すること

議論 1：ゼロ在庫という発想が、材料調達戦略を硬直化させていなかったか？
議論 2：ゼロ在庫という発想が、社内の風通しの良い議論を妨げていなかったか？
議論 3：ゼロ在庫という発想が、販売戦略の制約になっていなかったか？
議論 4：ゼロ在庫という発想が、お客様志向の実践を妨げていなかったか？
議論 5：今まで、原材料の供給途絶のリスクを過小評価していなかったか？
議論 6：期末日だけ減らすという不健全な行動が起こっていなかったか？
議論 7：期末日だけの削減が、平準化生産に逆行していなかったか？
議論 8：期末日だけの削減が、翌期の在庫弾切れを起こしていなかったか？
議論 9：期末日だけの削減が、真実を見ないマインドを生んでいなかったか？
議論10：期末日だけの削減が、深刻な会計不正の入口になっていなかったか？
議論11：期末日だけの削減では、お金が寝ることの解決になっていない！
議論12：工場在庫だけの削減も、お金が寝ることの解決になっていない！
議論13：お金を寝かしているという意味で、150 ％を遥かに超える流動比率は異常
議論14：レガシーな活動の強要が、人の創造力を破壊していなかったか？

　在庫の適正化は、いつでも始められることであり、お客様との接点でもあります。今まで硬直的だった在庫の在り方を見直すことこそ、会社を真にトランスフォーメーションする道です。

在庫のウソは、どんどん大きくなっていく

DX for Manufacturing!!

| No.063 | AI で、最適在庫を実現する！ |

◆在庫管理のトランスフォーメーション、在庫を戦略に変える

　盲目的なゼロ在庫は製造業のレガシーです。いつまでも勘と気合に頼り、精神論に陥りがちだった在庫管理を DX で戦略に変え、お客様の目線に立った最適在庫を実現しましょう。それが会社（製造業）を変えるのです。それが新しい競争力の源泉になるのです。AI で作る在庫ナビゲーターが、その活動を支援します。先端的な流通業は、やっています。

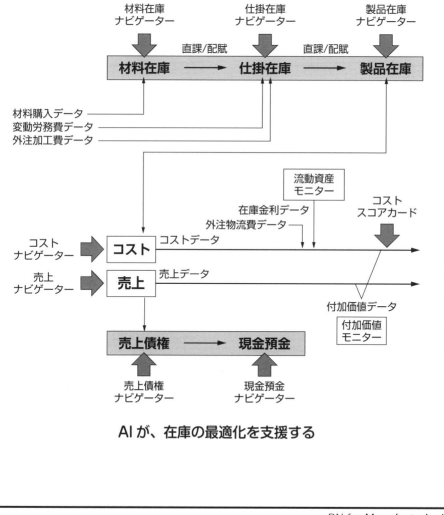

AI が、在庫の最適化を支援する

// Summary and conclusion! //

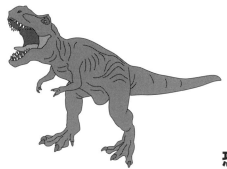

恐竜の道

✔ いつまでもゼロ在庫を叫ぶ DX

✔ B/S で在庫を把握しない DX

✔ 不正直指数をゼロにしない DX

✔ 見かけの在庫回転数を飾るだけの DX

哺乳類の道

✔ お客様の目線で、最適な在庫を目指す DX

✔ 5 つの在庫に、きめ細かく目標設定する DX

✔ 在庫を毎日把握し、不正直指数をゼロにする DX

✔ 在庫を契機に、企業風土の変革を目指す DX

推進 STEP.5
売上と付加価値もリアルタイム化

Anytime, Be Agile!

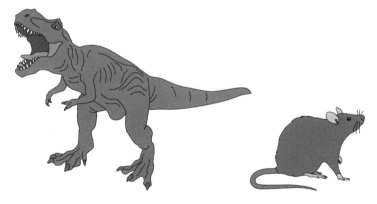

Dinosaur's way ⬅ ➡ Mammal's way

No.064 製造業だからこそ、やるべき DX がある

◆DX に苦しむ製造業

製造業は自社製品や自社工場を抱えています。動きが遅くなりがちだというだけではなく、どうしても自社／自社工場の都合を優先してしまい、お客様の視点に立った発想ができませんでした（その1つの典型が推進 STEP.4 で検討したゼロ在庫）。研究開発や製品開発にも時間はかかるので、DX でお客様の需要を読み取って、品揃えをどんどん変えていくといった先進流通業の真似はできません。

◆製造業が DX で取り組むべきこと

製造業は実際のモノを扱ってリアルを担う産業であり、リアルから逃げられない産業です。そして私たちが暮らす経済社会もリアルなしでは成り立ちません。製造業が衰えて外貨が稼げなくなれば、食糧自給率 38 ％の日本は食糧すら輸入できなくなる可能性があります。そんな製造業だからこそできる DX、やるべき DX が確かにあります。DX で、世界と戦える会社を作りましょう！

<これからの製造業がやるべきこと>
- ✔在庫を最適化し、短納期や安定供給という価値を創りだすこと
- ✔サプライチェーン全体の合理化に貢献すること（コスト、CO_2、資源循環など）
- ✔事業効率を高め、より少ない CO_2 で価値を創ること
- ✔過剰なモデルチェンジを見直しサステナブルなデザインの製品を提供すること
- ✔モノの提供ではなく、機能の提供に活動をシフトしていくこと（IoT 契約など）
- ✔研究開発やイノベーションで、全く新しい製品やサービスを創出すること

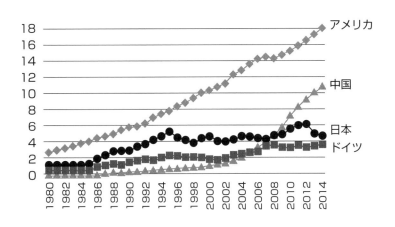

日本の GDP だけが迷走している

No.065	売上高の分析にも、多くのヒントがある

◆売上高についても単価差異と数量差異を分析し、管理する

コスト（変動費）は、①目標となる原価を定め、②実績と比較し、③差異があれば単価差異と数量差異に分解してアラームを出し、④調達部門と消費部門にリアルタイムにフィードバックすべきものでした。同じく売上高についても①目標を定め、②実績と比較し、③差異があれば販売単価の差異と販売数量の差異を求めることができます。売上が不振だった時、販売単価の差異が大きかったのであれば、製品やサービスのUX（ユーザーエクスペリエンス）の低下を疑わなければなりません。

◆市場に原因があったのか？　自社の努力が足りなかったのか？

販売数量の差異は、必要に応じて総需要差異と市場占有率差異に分解できます。売上が不振だった時、総需要差異が大きかったのであれば、概ね市場側に原因があったと考えられます。代替品が出現したり、製品やサービス自体が陳腐化してしまった可能性を検討します。他方、市場占有率差異が大きかったのであれば、自社の販売努力に何らかの問題がなかったかを点検すべきでしょう。

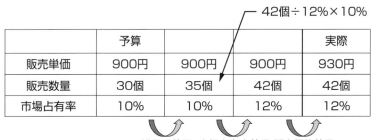

42個÷12%×10%

	予算			実際
販売単価	900円	900円	900円	930円
販売数量	30個	35個	42個	42個
市場占有率	10%	10%	12%	12%

総需要差異　市場占有率差異　販売価格差異

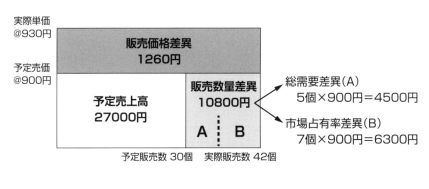

実際単価
@930円

予定売価
@900円

販売価格差異
1260円

予定売上高
27000円

販売数量差異
10800円

A ┊ B

予定販売数 30個　実際販売数 42個

総需要差異（A）
5個×900円＝4500円

市場占有率差異（B）
7個×900円＝6300円

売上高の差異分析

No.066 | 売上高のモニタリング

◆DX で、売上高モニターを作る

　売上高が多かった／少なかったと一喜一憂するだけでは、なかなか次の行動に結びつきません。DX で売上高モニターを設計し、売上高の目標と実績との差異をリアルタイムで分析できるようにしましょう。差異は販売数量差異と販売価格差異に分けます※。分析と対策の立案を容易にするために、売上高モニターには、売上高、販売数量差異、販売価格差異のトレンドをグラフにして表示します。

（※）データが入手可能なら、販売数量差異は需要差異と市場占有率差異にわけます。

◆売上高のトレンド分析

　トレンドを見て売上高が下がっている場合、販売数量差異と販売価格差異のどちらが原因なのかを知る必要があります。下記の例では販売価格差異が徐々に大きくなっており、販売価格が低下しています。納期短縮できずに値引き販売を強いられたり、類似品が現れ製品に競争力がなくなってきた等々、理由を明らかにしなければなりません。売価低下によって生じる販売価格差異は、販売数量差異より深刻な問題（市場の構造的変化など）を示す兆候である場合があります。その兆候を売上高モニターでいち早く捉えてください。

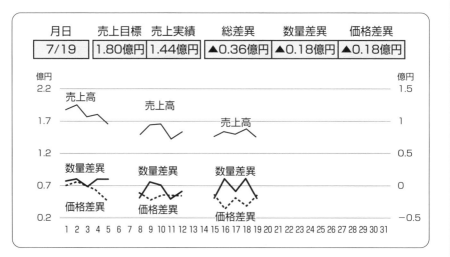

売上高モニター

No.067 日報で、付加価値をリアルタイム分析

◆DX で、付加価値日報を作る

　売上高の表面的な増減だけを見ていても、事業の危機や、新たなビジネスチャンスは見えてきません。そこで、単なる売上高の増減ではなく、付加価値（＝売上高－コスト）の増減をリアルタイムで把握することが大切です。リアルタイム（実際には日報ベースを想定）で把握することで、問題があればすぐに原因を分析し、手当てできるからです。月次、四半期次、年次などでは対策が手遅れになります。DX で付加価値日報を作りましょう。付加価値で見る事業の景色は、単なる売上高とはだいぶ違うものになると思います。

◆付加価値日報の例

　以下に、7 月 19 日の日報を作った場合のイメージを示します。

①目標売上高（1.8 億円）から、販売数量差異を修正した場合の売上高（1.62 億円）を示しています。これは販売実績の数量を目標価格で売った場合の売上高です。

②次に、販売価格差異を修正した売上高（1.44 億円）を示しています。これは販売実績の数量を実際価格で売った場合の売上高です。

③さらに、原価側の差異（0.04 億円）も明らかにし、目標としていた付加価値（0.72億円）と実績の付加価値（0.43 億円）の繋がりを示しています。

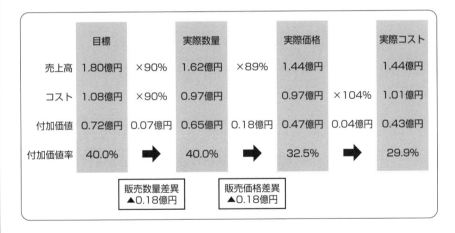

付加価値日報

No.068 | 付加価値のトレンド分析

◆DXで、付加価値モニターを作る

　売上高だけではなく、付加価値のトレンドも毎日確認しましょう。売価が上昇／下降しているケースや、売上高が伸びていても、それを上回ってコストが増え、付加価値でマイナスになっているケースがあるからです（見かけの売上を稼ぐための投げ売りや、予期せざるコストアップなど）。

◆付加価値のトレンド分析

　以下の付加価値モニターでは、①売上高のトレンド、②コストのトレンド、③付加価値のトレンドを示しています。売上高が伸びていますが(※)、それを上回ってコストが増加しており、付加価値は減少しています。

（※）破線の売上高は販売価格差異（このケースでは値上げ）がなかった場合を示す

　売上高だけを見ていると（一般には原価計算側がバッチ処理なので売上高だけをみている事例が多い）付加価値の減少があっても気付きません。結果として事業競争力のトレンドを見誤り、必要な対策や決断が遅れてしまうことになります。常に付加価値から目を離さないようにしましょう。

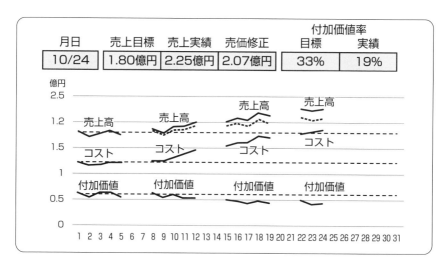

付加価値モニター

No.069　利益ではダメ、付加価値を見るべき理由

◆利益と付加価値の違い

　「利益を出せ！」「付加価値を稼げ！」利益と付加価値は同じような場面で使われる言葉です。そして、しばしば DX は「利益や付加価値を最大化する仕組みづくり」として説明されます。しかし両者は全く違う概念だということを御存じだったでしょうか？　そして利益だけを目標にすることには重大な問題があります。DX でそれらの最大化を目指すなら、両者の違いを知っておかなければなりません。

　会社はお客様が必要とする財やサービスを供給することで社会貢献し売上高という出力を実現します。その売上を最も合理的なコスト（入力）で実現できた時、入力と出力の差が付加価値になります。付加価値は、事業活動に対する社会の支持の現れであり、その事業をもっと拡大してくださいというメッセージなのです。そこで会社は、稼いだ付加価値を、経営資源であるヒト（従業員）・モノ（設備）・カネ（銀行と株主）などに計画的に分配し、経営資源のさらなる強化に努めます。このうち株主に分配された部分だけが「利益」と呼ばれるものです。付加価値と利益は全く違うのです。

◆付加価値を管理することの意味

　実は、利益を出すことより付加価値を稼ぐことの方が遥かに困難です。なぜなら事業が社会の支持を失って競争力を喪失し付加価値が稼げなくなっても、ヒトやモノへの分配を削れば利益はしばらく維持できるからです。その意味で利益は操作可能なものです。しかし固定労務費や設備投資を削ればイノベーションは止まるでしょう。競争力は急速に失われていきます。事業は付加価値の最大化を目標にすべきであり、事業の成果も付加価値で測定されなければなりません。また利益計算は利害調整（バッチ処理）のための時間がかかり、リアルタイムで把握できないことも、利益ではなく付加価値を管理すべき理由のひとつです。

会社は付加価値を稼ぎ、
それをヒト・モノ・カネ(銀行/株主)に分配する
株主に分配された部分だけを「利益」と呼ぶ

付加価値は外部環境との関わりから生じる
→リアルタイムの「Fact」

利益は内部調整の結果として生じる
→バッチ処理の「Adjustment」

DX for Manufacturing!!

２つの世界をしっかりわける！

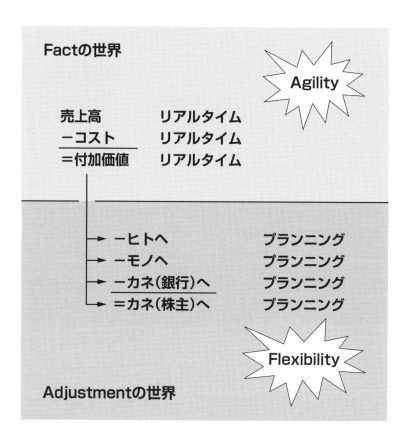

✔「売上高～変動費（コスト）～付加価値」は会社外部のファクト
✔「固定費（ヒト・モノ・カネへの価値分配）」は会社内部のアジャストメント
→ ２つの世界をしっかり分離し、お金の流れを見える化することが、
　　DX による経営革新の大前提となる

利益は同じ5万円でも、実力は全く違う！

A社

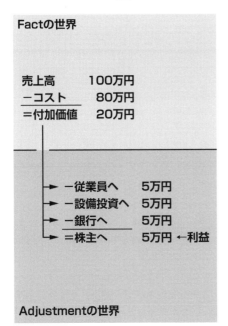

Factの世界

売上高	100万円
－コスト	80万円
＝付加価値	20万円

- ► －従業員へ　　5万円
- ► －設備投資へ　5万円
- ► －銀行へ　　　5万円
- ► ＝株主へ　　　5万円　←利益

Adjustmentの世界

B社

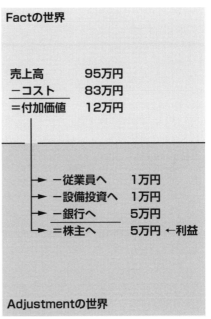

Factの世界

売上高	95万円
－コスト	83万円
＝付加価値	12万円

- ► －従業員へ　　1万円
- ► －設備投資へ　1万円
- ► －銀行へ　　　5万円
- ► ＝株主へ　　　5万円　←利益

Adjustmentの世界

Adjustmentの比較

A社の利益	5万円
B社の利益	5万円

利益はAdjustment
利益はバッチ処理を経て確定
利益は操作可能なもの
利益は事業の実力を示さない
利益では事業の危機が見えない
利益は従業員の目標にならない

Factの比較

A社の付加価値	20万円
B社の付加価値	12万円

付加価値はFact
付加価値はリアルタイムで確定
付加価値は操作できないもの
付加価値は事業の実力を示す
付加価値なら事業の危機が見える
付加価値は従業員の目標にもなる

DX for Manufacturing!!

No.070 | 目指すべきは付加価値の最大化、利益は後からついてくる

◆労務費叩きだけでは、もう戦えない

付加価値を増やすには何をすべきでしょうか？　歴史的背景から、製造業の視点は工場のブルーカラーの労務費叩きに偏りがちでした。しかし近年の自動化や標準化の進展により、ブルーカラーの管理は主な勝負どころではなくなってきています。

売上高		←	★10％売価を上げる方が、10％コストダウンするより現実的な場合がある
－コスト	材料費	←	★調達で負けたら話にならない。資源枯渇に注意
	ブルーカラーの労務費	←	自動化・標準化で、差がつかなくなった
	外注加工費	←	外注叩きはもう限界、共倒れになるだけ
	外注物流費	←	★超短納期化とコストの両立が、新しい勝負所
	在庫金利	←	★在庫確保と金利のバランスが、新しい勝負所
＝付加価値		←	合理的な活動の結果としての付加価値
－（ヒト）	ホワイトカラーの労務費	←	★人材育成とイノベーションが新しい勝負所
（モノ）	設備投資	←	★IRR による管理が新しい勝負所
（カネ）	資本コスト	←	★IRR による管理が新しい勝負所
＝キャッシュフロー		←	事業のさらなる拡大に投じられるお金

むしろ昨今の新しい勝負所になってきているのは、上表中の「★」に関わる活動です。これこそ DX で光を当てるべき新しいターゲットなのです。新しい視点でビジネスモデルをトランスフォーメーションし、強い会社を作りましょう。

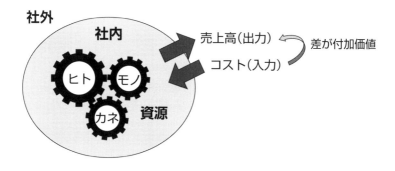

入力と出力の差が付加価値

No.071	今までは、勘と気合いの経営だった？

◆従来のレガシーP/L では、事業計画が立てられない！

付加価値（あるいは利益）についてシミュレーションをしたり、事業計画を立てたりする際、従来のP/Lが全くあてにならなくなっていることに十分注意しなければなりません。その理由は

> ①売上原価も販管費も、変動費と固定費の混合物であること
> ②売上原価側に含まれる固定費要素の重要性が増していること
> ③販売費側に含まれる変動費要素の重要性が増していること
> →従って販管費が変動費的な性格を強めていること
> ④粗利を大きく見せるため、しばしば売上原価が小さくなるよう操作されている

などです。従って、「売上を増大すれば（例えば売上を2倍にすれば）粗利も2倍になって事業を黒字化できる」といった判断をするのはとても危険な誤解です。

◆正しい経営判断をするためには新しいP/L が必要

付加価値（あるいは利益）についてシミュレーションをし、正しい意思決定や正しい事業計画を立てるには、変動費と固定費をしっかり分離した新しいP/Lが絶対に必要になるはずです（P/Lのトランスフォーメーション）。レガシーP/Lでは戦えません。本気でDXをやるなら、P/Lを変えましょう。

	現状	売上2倍	
売上高	1000万円	2000万円	×2
売上原価	920万円	1840万円	×2
粗利	80万円	160万円	×2
販管費	150万円	150万円	×1
営業利益	▲70万円	10万円	

誤った期待（黒字化できる？）

	現状	売上2倍	
売上高	1000万円	2000万円	×2
全ての変動費	1010万円	2020万円	×2
付加価値	▲10万円	▲20万円	×2
全ての固定費	60万円	60万円	×1
キャッシュフロー	▲70万円	▲80万円	

正しい予測（さらに厳しい赤字）

DX for Manufacturing!!

No.072 DXで、付加価値シミュレーターを作る

◆やっと、事業計画が立てられる！

変動費と固定費をしっかり分離すると、付加価値のシミュレーションに基づいた適切な事業計画が立てられるようになります。例えば、キャッシュフロー2億円を稼ぎ出している事業があり、在庫増加を伴う短納期対応プロジェクトを実施すべきか否かについての判断を迫られている場合、以下のようなシミュレーションを行うことでロジカルに結論が出せます（勘や気合ではなく！）。

✔納期短縮要請に応えることで、売価が4％回復すると見込まれる。
✔原材料確保のためのまとめ買いで、材料費が10％節減できると見込まれる。
　　ただし、同時に廃棄損が2.5％増加すると予想される。
✔納期短縮のため、外注物流費が44％増加すると見込まれる。
✔まとめ買いにより、在庫全体が2倍になり、在庫金利も2倍になる。
✔在庫管理のための人員増強により固定労務費は20％増えると見込まれる。
✔経営資源の強化に伴い、資本コストは20％増えると見込まれる。

シミュレーションの結果、在庫は2倍に増えてしまうものの、キャッシュフローが4倍の8億円に増えると結論されるので、このケースでは短納期対応プロジェクトを実施すべきと判断できます。古いP/Lでは戦えません。ぜひ、この新しいP/Lで時代の変化と戦ってください。

		現状		実施後
	売上高	432	÷96%	450
変動費グループ	材料費	240	×90%×102.5%	221.4
	変動労務費	40		40
	外注加工費	35		35
	外注物流費	40	×144%	57.6
	在庫金利	5	×200%	10
	付加価値	72		86
固定費グループ	固定労務費	30	×120%	36
	減価償却費	30		30
	資本コスト	10	×120%	12
	キャッシュフロー	2		8

付加価値シミュレーター

DX for Manufacturing!!

No.073 予兆を捉える、売上ナビゲーター

◆AIで、不透明な未来と戦う

　環境変化の激しい時代になりました。外部環境とのインターフェースである売上高と変動費はリアルタイムで状況を把握しアジャイルに行動を修正していかなければなりません。そこで、AIを使った売上高ナビゲーターを設計しましょう。これは売上高の予測に必要な内部指標（会社が自らの努力で状況を変えられる指標）と外部指標（会社が変えられない指標）をインプットし、売上高の予測値を出力するものです。

INPUTされる内部指標の例	INPUTされる外部指標の例
✔ 検索された回数、問い合わせ回数 ✔ 客先訪問回数 ✔ 見積書の提出回数、その他	✔ 景況を示す様々な指数 ✔ 天候や気温の変化 ✔ 過去の売上高のトレンド、その他
OUTPUT	
売上高の予測値	

　さらに売上高ナビゲーターからは3つのアラームを出力します。3つのアラームを見ながらナレッジを蓄積し、内部指標／外部指標をさらに適切化していくことで、正しい予想と迅速な対策、生産計画への反映を行い、売上拡大を目指します。

　アラーム1：内部指標が悪化した時に行動修正を促すアラーム
　アラーム2：売上高の予想値が大幅に下がった時のアラーム
　アラーム3：売上高の予想値と実績が大きく乖離した時のアラーム

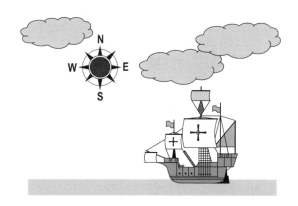

売上高ナビゲーターで、先を見通す

No.074 どんなパーパスを DX の起点にするのか？

◆もうけることは、だますことではない

「利益をあげろ！」「付加価値を稼げ！」「もっと儲けろ！」

日本語の「儲ける」という言葉には、相手を騙すというニュアンスが付きまといます。しかし製造業の事業活動における利益獲得は、絶対に相手を騙す活動であってはなりません。それは決してキレイごとではありません。SNS が発達した今日、

「騙された！」「不正があった！」

と感じたお客様の思いは、あっという間に拡散されてしまうからです。工場を抱えて逃げ隠れできない製造業にとって、社会の支持を失うことは事業の致命傷です。

◆社会貢献の結果としての儲け

「儲ける＝騙す」ではありません。社会の（お客様の）役に立つことで売上は伸びます。その売上を経済合理的なコストで実現できれば（つまり最高の UX を実現できれば！）、両者の差額で付加価値が生まれエンドバリューが最大化されるのです。付加価値とは事業活動が正しい方向に向かっていることを示すバロメーターだといえます。

売上高－コスト＝付加価値

付加価値は結果です。付加価値は「事業を拡大してください！」という社会からのメッセージであり、製品やサービスのエクスペリエンスがお客様から広く支持されている証なのです。そして社会のリアルを支える製造業が今後やるべきこと（新しいパーパス／会社の存在理由）はたくさんあるはずです。日本の経営の大先達の言葉にも、「儲けろ」ではなく、「社会生活の改善と向上に寄与せよ」と書かれているのは印象的です。多くの会社が見失ってしまったパーパスの再確認は、DX を成功させる大前提なのです。

綱領

産業人タル／本分ニ徹シ
社會生活ノ改善ト向上ヲ圖リ
世界文化ノ進展ニ
寄與センコトヲ期ス

儲けろとは書かれていない

No.075 | 新しい付加価値の実現…モノからコトへ

◆モノの所有にこだわらなくなった人々

　近年、「モノの所有にこだわらない」という行動様式が広がっています。その一つの現れがIoT契約です。例えばエアコンやテレビを借り、利用した時間だけインターネットを通じて課金されたり、冷蔵庫を借り、インターネットを通じて食材の補充を受けるといったサービスが出現しつつあります。これからはIoTを意識した製品設計が重要です。

＜IoTでできることの例＞

✔ 離れた場所にあるモノを遠隔操作すること

　例えば、スマホを使い自宅のエアコンを操作したり、テレビ録画したりできる

✔ 離れた場所にあるモノの動きや状態を知れること

　例えば、自宅の照明を消したか外出先で確認したり、スマホで現在位置を確認

✔ モノ同志でデータ共有できること

　例えば、信号機の状態や道路の混雑具合を共有する乗用車の自動運転

　シェアリング・エコノミーも盛んになっており、15分単位でクルマを借りられるサービス、乗り捨て可能なバイク、スタイリストが選んだ服が届くサービス、一等地のオフィスをシェアするサービスなどが始まっています。今後もデジタル技術の浸透や、生産工程の自動化・標準化の進展で、製品の「モノ」としての単純な差別化はさらに難しくなります。

◆時代は変わった

　もはや、小手先のモデルチェンジでは社会の支持を得られません。ゼロ在庫やコストダウン（しかもコストの内訳を見ない的外れなコストダウン！）だけで世界と戦うのは不可能です。DXで付加価値の変化をモニタリングしながら、今後の製造業が社会（お客様）に対して、どんなパーパスを果たすべきなのか、しっかり見定めるべき時代が来ています。

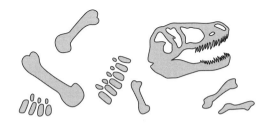

どんどん使って捨てる時代は、終わった

No.076 化石燃料や、資源の枯渇に注意

◆脱炭素は地球のためでなく、生き残るため

　今後の製造業の歩むべき道を考える時、もう一つ忘れてはならない重要なトレンドが資源（地下資源・生物資源）の枯渇です。特に化石燃料については、一般に「あと○○年、採掘可能」と表現される可採年数が、経済成長ゼロで計算された年数だったことに注意しなければなりません。しかし経済成長ゼロという社会は期待も予測もされていません。そして歴史的に見れば経済成長≒エネルギー消費でした。石油・石炭・ガス・ウランの資源量をひとつの単位に統一し、経済成長ゼロで計算すると全体の可採年数は約70年です。さらに3％程度（≒20世紀全体の成長率の実績）の経済成長を見込んで計算し直すと、40年後（2060年頃）に全ての化石燃料を使い切ってしまうことになります。これは経済成長が指数関数（ねずみ算）であるがゆえの不可避な結論であり、多少の技術開発（省エネ、新技術、新資源）では変えられない極めて厳しいリアルです。

◆危機か？　新しいビジネスチャンスか？

　全ての資源が早晩同じ道を辿ります。多くの地下資源の可採年数は既に40年を切りました。相場の乱高下は激しさを増し、気候変動や世界的な人口爆発、旧途上国の経済発展などで生物資源（木材、食糧など）の争奪や日本の買い負けが始まっています。世界における日本経済の存在感が失われる一方で、もともと食糧自給率の低い国土は深刻な飢餓に見舞われるリスクがあります。それがリアル世界の現実なのです。そんなリアルと向き合う製造業は、

　　①原材料の安定調達（材料費）への戦略的取り組み、
　　②製造工程におけるエネルギー（変動経費）の節減、
　　③流通（外注物流費）の合理化

に全力で取り組み、本気で競争力の回復を目指さなければなりません。言い換えれば、これらの問題にDXをどう活かせるかが、製造業の明日の勝敗を決めるのです。戦える会社を作りましょう。

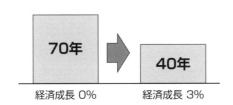

70年　　　　　40年

経済成長 0%　　　経済成長 3%

石油・石炭・ガス・ウランの資源量は、驚くほど少ない

No.077　新しい選択肢、サステナブルな製品デザイン

◆約 20 年間生産され続けた T 型フォード

　T 型フォードは、1908 年から 20 年間近くも生産された車です。フォード自動車は、この黒一色の車の集中生産で自動車の製造コストを劇的に引き下げました。そして町中の車が全て T 型フォードだけという時代が長く続いたのです。その後、GM が計画的モデルチェンジというビジネスモデルを展開すると、T 型フォードの時代は終わりを告げました。以来、次々と製品のデザインを変更して消費を煽り、次々と廃棄するという経済モデルが定着するのです。しかしそれから 100 年後の今日、資源枯渇と環境悪化で、計画的モデルチェンジという経済モデルは限界に直面しつつあります。

◆新しい選択肢の提供

　毎年のようにモデルチェンジをしなければ価格が維持できない製品がある一方で、①製品モデルの切替コスト、②旧モデルの廃棄コスト、③真にイノベーティブな開発に向き合えないコストなどが無視できなくなりました。モノの所有に拘らないシェアリング・エコノミーも広がっています。これからは、ベーシックモデルへの回帰による資源節減（かつての T 型フォードの時代のような）や、社会的混乱に耐えて安定供給を維持する力が競争力になるでしょう。ここにも DX で取り組むべきテーマがあります。製造業の本質を見失わず、真の DX で勝ち組になってください。

<リアルと戦う製造業が取り組むべきテーマ>
- ✔過剰なモデルチェンジを見直し、ベーシックモデルに絞る（AI による事業計画）
- ✔ユーザー修理が可能なシンプルな製品への回帰（AI によるトレンド把握）
- ✔まとめ買いやイノベーションで材料費の上昇を抑制（AI による価格予想）
- ✔適正在庫の確保で製品供給を安定化（AI で適正在庫を算出）

かつての自動車は、修理しながら乗り続けるものだった

DX for Manufacturing!!

No.078 10年後の社会を予測し、行動する

◆次のディープインパクトが迫っている

SDGs（持続可能な開発目標）という言葉があります。どちらかといえば経済活動と対極の概念として捉えられているのが日本の現状と感じますが、その認識は誤りです。持続可能（サステナブル）ではないという状態は環境にやさしくないのではなく、続けられない（！）という意味です。そして今迫りつつあるディープインパクトは、社会が必要とする製品やサービスの姿を全く変えてしまう可能性があります。特に化石燃料の枯渇は、古い経済を止め、大陸の農業を止め、食糧輸入すら困難にしてしまうでしょう。世界の人口爆発と異常気象に加え、日本の経営モデルの陳腐化による経済力低下がさらに状況を悪化させます。

◆DXが、新たな競争力の源泉になる

しかしいち早くDXに成功すれば、それが競争力の源泉になります。厳しいリアルと戦うためのDXは、会社の意思決定や行動をアジャイルかつフレキシブルにするDXでなければなりません。そしてこのDXを成功させるカギは、お金の流れをきちんと整理することです。お金の流れが変わらないDXは本当の意味でのトランスフォーメーションではありません。売上高～コスト～付加価値というファクトをリアルタイムで把握し、アジャイルな行動修正で付加価値を最大化しましょう。そして獲得した付加価値で最強の経営資源（ヒト・モノ・カネ）をフレキシブルに構築していく仕組みを作りましょう。大至急！

	製品・サービスへのインパクト	経営資源へのインパクト
資源枯渇	材料費の高騰 （地下資源／生物資源）	設備維持の困難 設備投資の困難
燃料枯渇	エネルギー費の高騰 外注物流費の高騰	従業員の生活難（食糧、日用品）
国際紛争	売上の減少、物流の途絶 材料費のさらなる高騰	従業員の生活難（食糧、日用品）
気候変動	農林水産業への影響 材料費のさらなる高騰	従業員の生活難（食糧、日用品）
異常気象	物流の遅延や途絶	従業員の被災、健康被害 工場の被災
海面上昇	沿岸都市からの人口移動	工場立地への影響

このディープインパクトに、どう備えるか？

No.079	製造業のパーパス（存在意義）は、リアルと戦うこと

◆2025年の崖、2060年の壁

　製造業はリアルと戦う産業だということを忘れないでください。新しいデジタル技術のトレンドが華々しく報道される一方で、リアル社会の気象異常や、資源の争奪や、国際関係の緊張、財政や年金の破綻など、社会不安はどんどん増しています。先行きに希望を持てないことが少子化、自殺、引きこもりにもつながっています。どんなにデジタルビジネスだけが発展しても、誰かが外貨を稼ぎ、日本社会のリアルを支えなければ明るい未来はやってきません。それが製造業の担うべき使命（パーパス）です。2025年の崖を乗り切ることはゴールではなく、さらにその先にある厳しいリアル（例えば2060年の壁／化石燃料の枯渇）との長く過酷な戦いの始まりに過ぎないことも忘れてはなりません。

◆どうやってリアルと戦うか？

　変化は危機であり、チャンスでもあります。DXで実現するアジリティは危機を軽減し、DXで実現するフレキシビリティはチャンスを拡大するでしょう。製造業にとって、DXは目的（WHAT）ではなく、リアルと戦う手段（HOW）なのです。どんなにバーチャル世界が発展しても、それを支えるリアル世界はなくなりません。製造業はどこかでリアルと向きあい、リアルと戦わなければなりません。そんなモノづくりを捨てるのか／捨てないのか？　どちらの道を選ぶにしても、しっかり腹を据えなければDXのWHATは見えてきません。WHATが見えないDXは成功しません。デジタル事業の創出など絶対に不可能です。レガシーとなり活力を失った経営管理をトランスフォーメーションしましょう。DXを次のレガシーにしてしまわないために！

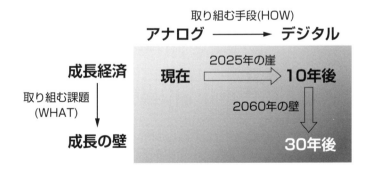

DX for Manufacturing!!

// Summary and conclusion! //

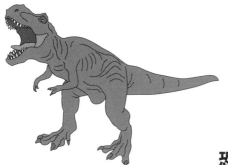

恐竜の道

- ✔ 売上高の状況がリアルタイムで把握できない DX
- ✔ 付加価値の変化がリアルタイムで把握できない DX
- ✔ 些末な業務改善で終わる DX
- ✔ リアル世界の変化に無関心な DX

哺乳類の道

- ✔ 売上高の状況がリアルタイムで把握できる DX
- ✔ 付加価値の変化がリアルタイムで把握できる DX
- ✔ 会社のお金の流れを変える DX
- ✔ リアルに向き合い、社会のトレンドをリードする DX

DX/M

変える、変わる
最後のチャンス！

From now on, Digitalization Stage!

　ここからはビジネスプロセスのデジタル化（デジタライゼーション）の段階に進みます。どんどん変化する外部環境にフレキシブルに対応し、ヒト・モノ・カネといった経営資源を最適化して戦える会社を作り上げていくことが、このデジタライゼーションの主な目標です。会社のフレキシビリティを極限まで高めましょう。すでにデジタイゼーションの段階で売上高やコストや在庫に関わるデータをどう活かしていくかディスカッションしました。その過程で会社が目指す姿（WHAT）のイメージはぼんやり見え始めてきているのではないかと思います。

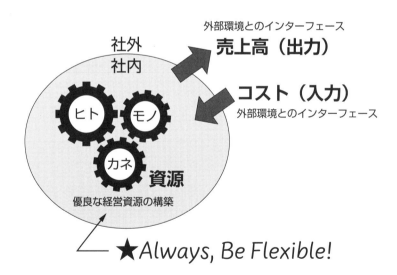

推進 STEP.6
最強の経営資源を構築

Always, Be Flexible!

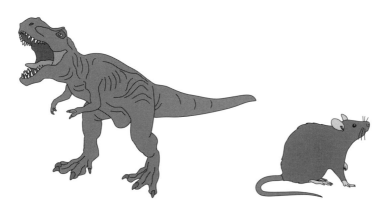

Dinosaur's way ← → Mammal's way

No.080 | 変動費と固定費の違いの再確認

◆変動費と固定費の本質的な違い

　会社をデジタル技術でトランスフォーメーションする際の最重要ポイントは、変動費と固定費という2つのお金の流れをしっかり分けて管理することです。それがコストダウンと生産性向上を成功させるための大前提だからです。

＜変動費の管理＞

　変動費は、外部世界との関りで発生する「コスト」なのでリアルタイムの管理が必須でした。管理責任の所在は現場にあり、管理目標はなるべく使わないこと、管理方法は定められた標準原価と実際原価を比較することです。毎日発生し、時々刻々と状況が変わっていくものなのでアジリティが必要です。そうしなければ異常があっても原因がわからなくなり、ロスが垂れ流しになるからです。

＜固定費の管理＞

　一方、固定費の金額は予め経営者等の承認を経るものなので、変動費ほどの管理上の緊急性はありません。むしろ固定費管理の本質は、稼いだ付加価値（＝売上高－コスト）を使って「優良な経営資源」を構築し、戦える体制を作り上げていくことにあります。そのため、ヒト・モノ・カネに付加価値をどう分配するのかをしっかり社内で話し合い、変化する環境に対応しながらフレキシブルな調整をしていかなければなりません。

	変動費 （外部環境との関わり）	固定費 （価値分配の社内調整）
発生モード	生産量に比例して増減する	生産量に比例して増減しない
発生のタイミング	毎日、都度	毎月が多い
金額の管理方法	標準原価との比較 （原価差異のチェック）	承認された金額との比較 （金額的逸脱のチェック）
管理責任の所在	現場の担当者	経営者
管理の目標	なるべく使わないこと （コストダウン）	しっかり使うこと （生産性向上／優良資源の構築）
データの特性	社外のファクト （リアルタイム性が必要）	社内のアジャストメント （フレキシビリティが必要）
必要なツール	情勢分析やナビゲーター	コミュニケーション促進ツール

お金の流れが、全く違う！

DX for Manufacturing!!

No.081 | DX で、最強の会社を作ろう！

◆改めて確認、固定費はコストじゃない！

「○○費」と呼ばれる慣例から混同されがちですが、固定費の本質はコストではありません。それらはヒト・モノ・カネといった経営資源を維持するための支出であり、関係者間の調整と経営者の承認を経て、計画的に取得され構築されていくものです。

◆稼いだ付加価値で、戦略的に経営資源を強化していく

経営者は、稼いだ付加価値で経営資源（ヒト・モノ・カネ）を戦略的に強化していきます。強化された経営資源が更なる付加価値を生み出す循環を創り出すことが経営がやるべきことであり、その究極の目標です。戦える経営資源を構築するには、環境変化に柔軟に対応できるフレキシビリティが必要です。フレキシビリティを高めるには、以下の対応が必要です。

> ✔ マネージメント・サイクルを年次から月次に修正する（脱予算）
> ✔ ヒト：生産性の良否をフィードバックし、イノベーションを担う人材を育てる
> ✔ モノ：環境変化のリスクを IRR に織り込んだ設備投資判断をしていく
> ✔ カネ：ムダに寝かさないよう、WACC を社内周知し IRR を適切に管理する

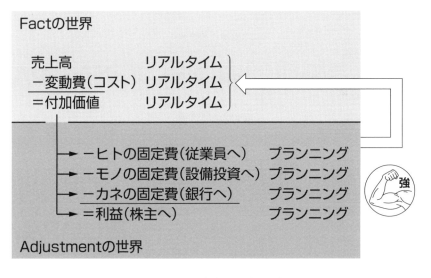

Factの世界

売上高　　　　　リアルタイム
－変動費(コスト)　リアルタイム
＝付加価値　　　リアルタイム

→ －ヒトの固定費(従業員へ)　　プランニング
→ －モノの固定費(設備投資へ)　プランニング
→ －カネの固定費(銀行へ)　　　プランニング
→ ＝利益(株主へ)　　　　　　　プランニング

強

Adjustmentの世界

**稼いだ付加価値で、会社をどんどん強くする
強化された資源が、新しい価値をまた稼ぐ！**

DX for Manufacturing!!

No.082 DX で、変動費と固定費をしっかり分離する！

◆従来のレガシーP/L では、コストと資源がゴチャゴチャだった

　全く違うものでありながら、変動費（コスト）と固定費（資源）はレガシーP/L 上でゴチャゴチャになっていました。売上原価と販売費及び一般管理費（いわゆる販管費）と営業外費用は、変動費と固定費が複雑に入り混じったものです。それが日本中でコストダウンにも生産性向上にも失敗してきた原因だったのです。コストダウンと生産性向上に本当に本気で取り組むなら、DX のシステム更新に併せてレガシーロジックを見直し、変動費と固定費をしっかり分離しておかなければなりません。強い会社を作りましょう！

> ＜変動費と固定費を混在させると…＞
> ✔コストダウンに失敗する
> ✔生産性向上に失敗する
> ✔費用が逃げ回って、全貌が掴めない
> ✔事業計画が立てられない
> ✔人材が育たない
> ✔強い会社が作れない

```
売上高
 －売上原価              …変動費＋固定費
 ＝売上総利益

 －販売費および一般管理費  …変動費＋固定費
 ＝営業利益

 －営業外費用            …変動費＋固定費
 ＝経常利益
```

```
売上高
 －変動費 全てのコスト    …コストダウンすべきもの
 ＝付加価値        〰〰〰 分離 〰〰〰
 －固定費 ヒト・モノ・カネ …生産性向上すべきもの
 ＝キャッシュフロー
```

DX で強い会社を作るための大前提

No.083　ヒトの管理／コストとして扱うか？　資源として育てるか？

◆コストと資源

　会社にはヒト・モノ・カネなど様々な資源がありますが、最も重要な資源はヒトです（いうまでもなく！）。良い人材が育たなければ会社に明日はありません。ですから会社は全力で人材を獲得し、全力で育成しなければなりません。その一方で、しばしばヒトは（労務費は）コストだとも言われ続けてきました。でも、「お前はコストだ！」と言われて優秀な人材が育つでしょうか？　ヒトのモチベーションが上がるでしょうか？　コスト（変度労務費）と資源（固定労務費）には、けじめある管理が必要なのです。

　コスト（変動費）の管理目標はコストダウンです。もし可能なら、変動労務費の究極の目標はコストゼロなのかもしれません。では全ての労務費をゼロにする（つまり無人の会社を作る）ことが理想かと言えば、決してそんなことはないはずです（無人の工場なら理論的にはありえると思いますが）。健康な身体を目指すダイエットの目標が決して体重ゼロではないように、理想の会社の目標も労務費（固定労務費）ゼロではありません。優秀なチームを作り生産性を高めることです。

> ✔変動労務費の管理目標 … コストダウン（なるべく使わないこと）
> ✔固定労務費の管理目標 … 生産性向上（しっかり使い、しっかり育てること）

◆「指示待ち」はコストの道、「自主性とイノベーション」こそが資源の道

　コストダウンの対象にならない一方で、資源としての人材には自覚ある主体的な行動が求められます。生産性が向上しなければ、手放されてしまうケースもあり得ます。ですから指示を待つのではなく（コストの道）、自分自身の生産性を高めるべく進んで仕事を取りに行き、自主的にイノベーションに挑戦していかなければなりません（資源の道）。頑張っても生産性が伸び悩む場合には、支援を求めることができます。

最強の経営資源を構築しよう！

No.084 ヒトの管理／人材管理のトランスフォーメーション

◆遊んでいるのは誰か？

　今日、製造工程の大部分は自動化されました。製造部門／非製造部門を問わずヒトがやるべきことは単純作業からイノベーションに移っています。そんな認識を踏まえ、
「人はコストではなく資源です。資源として育てていきましょう！」
「製造部門と一般管理部門を区別せずに一体管理しましょう！」
と申し上げると、一般管理部門の方から
「ヒューマンな発想だが甘い。そんなことでは現場の連中が遊んでしまう」
「連中を１分１秒まで働かせ、製品化するべきだ」
などと指摘されることがありゾッとさせられます。こういうレガシーな指摘をする方は、御自身が「私は遊んでいます」と告白しているに等しいことに気づいていないようです。DX で GAFA を目指すか否かはともかくも、こんな一般管理部門をほったらかしにしておいて世界に勝てるはずがありません。生産性向上など絶対に不可能です。

◆今まで人材が育たなかった理由

　従来のように、売上原価（ブルーカラーの固定労務費）と、販管費（ホワイトカラーの固定労務費）をわけると、ホワイトカラーが遊びます。いつまでも叩かれ続けるスケープ・ゴートがいる限り、叩く側であるホワイトカラーの生産性が真に問われることはないからです。結果として、叩く側も／叩かれる側も人材が育ちません。これは全ての関係者にとっての不幸です。製造部門のブルーカラーだけを売上原価と見做して叩くのは、大量生産に邁進していた20世紀のビジネスモデルでした。そのビジネスモデルを前提にしたレガシーP/L を使い続ければ、会社のビジネスモデルも20世紀のままです。

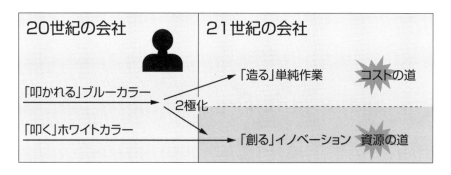

ブルーカラー／ホワイトカラーという区分は意味を失った

DX for Manufacturing!!

No.085　ヒトの管理／多様性こそが力になる！

◆日本の男女平等は、世界 153 カ国中 121 位

　最近、日本社会の男女格差が問題になっています。世界経済フォーラムのランキングによれば、2019 年の日本は世界 153 カ国中 121 位でした。これは G7 の中では断トツに最下位で、しかも年々順位を下げています。

<女性が活躍できない会社は…>
✔結局のところ、男性も人物本位で評価されていない会社です。
✔人材が活かされていない会社です。
✔社員が下を向いている会社、沈滞した会社、アイディアが出ない会社です。
✔有能な人材が集まらない会社、ゆっくり死んでいくレガシーな会社です。

◆モノカルチャーよ、さらば！

　男女平等は、決してきれいごとではありません。社会のニーズは多様化し、変化が激しくなりました。そんな中、厳しい未来を必死で予測し生き抜いていかなければなりません。単純な繰り返し作業の価値は失われ、今はイノベーションを競い合う時代です。社会にも会社にも、さまざまな発想ができる人材が必要になっているのです。

20 世紀のヒトの管理／コストの道	モノカルチャー、時間の監視、ムダ取り
21 世紀のヒトの管理／資源の道	多様性、自主性、創造力、イノベーション

　性別、学歴、正規／非正規／関連会社… 国内製造業にはレガシーな身分制を敷いている会社がまだ多いです。しかし 20 世紀のヒトの管理に適合したエリートが、21 世紀を生き抜く力を持った人材とは限りません。硬直的な採用制度を見直し、活発なコミュニケーションを可能にするツールの導入を進めていくことも DX の目標です。

人材はいる！
活かされていないだけ

No.086 ヒトの管理／目標管理のトランスフォーメーション

◆上司や同僚の目標を知らない？

　「目標共有って大事ですよね」と申し上げて「NO」という人はいません。でも現実はどうでしょう？　直接人事考課をする部下ならばとにかく、上司、同僚、自部門、他部門の目標を知っている人／知らされている人は稀ではないかと思います。周囲の方が背負っている目標が分からなければ助け合うことができません。支援も相談もできません。自分自身の目標管理も甘くなります。目標が共有されない組織は、活動のベクトルがバラバラな烏合の衆でしかありません。それは「会社」ですらありません。

　　自部門の目標、自分自身の目標を相互に開示するのは案外と勇気がいることかもしれません。でも、しっかり開示しておけば、それを達成した時に揉み消されるなんてこともなくなります。目標が開示さ共有された組織は、風通しの良い組織であり、助け合える組織です。公平な評価が促される組織です。もしDXをやるなら、チーム・コミュニケーションツールを活用し、目標が社内共有できる仕組を作りましょう。

◆「資源」と「コスト」のけじめ

　自分の生産性に責任を持ち主体的に価値を創るのが得意な人と、指示されたことをしっかりやりたい人がいるのは現実です。「資源の道」を選ぶ人は結果で勝負する人です。「コストの道」を選ぶ人は勤務時間で頑張る人です。会社はその扱いにけじめを付けなければなりません。資源の道を歩む人は一定の裁量下で自主的に活動し新たなカイゼンやイノベーションに挑みます。しかしコストの道を歩む人に自主的な活動を強要すべきではありません。国内製造業では非正規の方にカイゼンを強いる場面が多くありますが、それはタダ働きの強要でありコンプライアンス違反です。カイゼンを期待するなら正社員に登用すべきですし、できない事情があるならカイゼンを強要すべきではありません。納得感のない職場から、イノベーションは生まれないのです。

どうすれば、一人ひとりが本気で頑張れるか？

No.087	ヒトの管理／夢がない仕事？　意識の変革

◆キツい、汚い、夢がない、成長もない

　高度成長期には花形だった製造業が不人気となり、人材が集まらなくなりました。産業構造の変化もありましたが、製造業自体にも衰退の原因があったようです。例えば「仕事から得られるスキルが全くない」という指摘は本当に悲しい。でも社会のリアルを支える製造業は、本当はもっとクリエイティブな産業になりえます。

> ✔作業環境が悪い、工場が古い、汚れる、危険と隣り合わせ
> ✔意識の低い人が多い、給与も安い、進歩がない、古いオヤジがうるさそう
> ✔毎日同じロボット作業の繰り返し、仕事から得られるスキルが全くない！

◆21世紀を生き抜く力！　DXで起こす3つの意識改革

　このままでは国内製造業は滅びます。その復活には3つの意識改革が必要です。

<u>①昨日と今日が同じではいけないという意識改革</u>

　製造業の古いセオリー（ゼロ在庫／7つのムダ取り／古いカイゼン）や全部原価計算は、今やすっかりレガシーです。カイゼンそのものがカイゼンされず、原価の内訳すら見える化してこなかったという悲惨な現状を、関係者は猛省すべきです。

<u>②社会を支えているという意識改革</u>

　資源の無駄遣いを止め、真に社会の役に立ち、人々の暮らしのリアルを支えていくのだという使命感の回復が必要です。そうすれば、有意の人材が集まります。

<u>③従業員はコストではなく資源だという意識改革</u>

　ヒトがコストだという20世紀的な感覚を払拭し、資源として育てなければなりません。どんなに命令しても怒鳴ってもITで監視してもイノベーションは起きません。コスト扱いすれば、ヒトはコストとしての態度を本当に身に着けてしまいます。

コストの道 （20世紀）	資源の道 （21世紀）
✔指示待ち	✔仕事を取りに行く
✔やらされ感	✔達成感
✔不満や批判ばかり	✔夢や理想を語る
✔質問しない	✔好奇心に満ちている
✔言われたことだけやる	✔仕事の範囲を広げていく
✔やったふりをする	✔責任感がある
✔いつまでも同じやり方	✔常に進化し続ける
✔イノベーションできない	✔イノベーションが生まれる

どちらが、イノベーションを担うのか？

No.088 ヒトの管理／GAFA の経営管理を真似るのか？

◆GAFA の経営管理とは？

DX を論じる時、目指すべき目標として必ず語られるのが GAFA です。例えば GAFA の人材管理や目標管理は、以下のようなものだと言われます。

- ✔企業文化や行動規範が明文化され、実際の働き方に反映されている
- ✔仕事の役割が明確
- ✔意思決定プロセスが明確
- ✔目指すゴールが明確で、KPI 化されている
- ✔多様性と実力主義（同調圧力や年功序列ではなく）

それに対して、国内製造業の人材管理や目標管理の現状は、こんな感じでしょうか？

- ✔仕事の役割が曖昧で突然仕事が振られる
- ✔成果や能力・スキルが評価されない年功序列、女性のいない職場
- ✔同調圧力が強く、定時で帰ると嫌な顔をされる
- ✔情報共有が遅い、または全く共有されない
- ✔意思決定の方法が定義されておらず、誰がいつどんな方法で決めるのか曖昧
- ✔口ではチャレンジしろと言いながら、予算を伴わないので実行できない

彼我のギャップに溜息が出ます。しかし今日の国内製造業がやるべきことはGAFAの真似ではなく、むしろ「自分を取り戻すこと」ではないでしょうか？

◆GAFA のビジネスを真似るべきなのか？

GAFA は GAFA の真似をしていません。全ての会社がデジタルビジネスを目指せるわけでもありません。実際、全ての国内製造業がリアルを捨ててデジタルビジネスに移行してしまったら社会が成り立たないからです。社会には必ずリアルがあり、そのリアルを支える製造業が必要です。そんな製造業をアジャイルでフレキシブルな産業に変えるためのDXはあるはずです（DX/M）。それができない会社は何をやっても成功しません。GAFA の真似ができるはずもありません。

No.089	ヒトの管理／人材管理のトランスフォーメーション

◆GAFA を目指す前に、製造業がやるべきこと

＜その１：会社が、リアル社会のどんな問題の解決を目指すのかを明確にする＞

「儲ける」は「騙す」ではありません。そして社会のニーズはどんどん変わっていきます。DX で付加価値の変化をモニタリングしながら、事業が社会のどんなリアルの解決を目指すのかを話し合い、関係者の行動ベクトルを揃える必要があります。

＜その２：合理的なコスト管理を行う＞

社会のニーズを、最も合理的なコストで実現することで付加価値が生まれます。サプライチェーン上の全てのコストを DX でリアルタイムに見える化し、アジャイルに行動しましょう。資源とコストの管理目標の違いにも注意しなければなりません。

＜その３：生産性をきちんと定義する＞

DX はリストラではありません。DX で資源とコストをしっかり分離し、そもそも生産性をどう測るのかを明確に定義した上で、生産性が向上した場合の評価の仕方や、生産性が向上しなかった場合の支援の方法をあらかじめ決めておく必要があります。

＜その４：個人目標を明確にし、かつ開示する＞

GAFA のように壮大ではなくとも、今でも何らかの目標管理は行われているはずです。DX で個人目標を開示し共有する仕組みを作ればチームの行動ベクトルが揃います。個人目標の内容そのものも洗練されて行くでしょう。チームのパフォーマンスが悪い時、必要なのは着席時間の監視ではなく、やるべきことを明確にすることです。

＜その５：多様な人材を登用する＞

親会社と関連会社、正規と非正規、年齢や国内学歴などで事実上の身分制を敷いている会社は、人材育成が阻害され、双方にとっての不幸です。また、女性や中途採用者が活用されない組織は、結局は誰も活用されない組織だということを認識し、DX を機に真に多様性あるイノベーティブな職場を目指さなければなりません。

＜その６：DX を機に、どんな WHAT を目指すのかを明確にする＞

デジタル技術は強力なものですが、形だけを真似ても GAFA にはなれません（そもそも GAFA は人真似から始まっていません）。それぞれの事業にはそれぞれ必要な DX の形があります。製造業が自らのパーパスを再認識し、DX でどんな WHAT を目指すのかをしっかり決めておかなければ、巨額の IT 投資は事業の真の致命傷になります。

DX for Manufacturing!!

No.090　モノの管理／減価償却のトランスフォーメーション

◆減価償却は極めて危険な会計処理

　機械設備などを取得したら減価償却するのは常識です。しかし、実はこれも極めてレガシーで危険な処理でした。減価償却をするには、固定資産の使用期間（2年〜50年など）や、償却方法（定率法、定額法）などを決めなければなりません。しかし明日何が起こるかもわからない時代に、使用期間を正しく見定めることは全く不可能です。減価償却をすることによって設備投資に伴う費用の処理は先送りされるので、プロジェクトの収支に対する評価は甘くなりがちです。取得資産の簿価と市場価格は大きく乖離し、事業に失敗して設備を処分することになってもスクラップ価格でしか売れません。

　そもそも減価償却は約100年前の高度な成長社会の中で成立したものでした。今日の不安定な経済情勢の中では、取得時に即時償却してしまうことが最も安全です。即時償却を前提にすれば、関係者は設備投資（IT投資も含む！）に慎重になり、他人に丸投げではなく自分事として真剣にプロジェクトの内容を吟味するようになるでしょう。簿価と市場価格の乖離は起こらず、費用管理のフレキシビリティを損なう埋没原価も発生しません。

◆全ての経営資源を、DX でフレキシブル化していく

　慣例的に「固定」費と呼ばれてきましたが、経営資源（ヒト・モノ・カネ）にかかわる様々な固定費は、適正な管理によってフレキシブル化できます。それができなかったのはあまたのレガシーマインドや古い常識の壁が立ちはだかっていたからです。今こそ、壁を乗り越えトランスフォーメーションを成功させましょう。GAFAや近隣諸国の発展にあこがれて立ちすくみ、徒に死を待っていてはいけません、DXで勇気ある一歩を踏み出しましょう！　私たちにはもっとできることがあります。

ヒトの固定費	×着席時間で拘束し、出勤日数で労務費を払う慣行 ○目標を明確化し、アウトプットを適切に評価する仕組み
モノの固定費	×緩慢な減価償却、過剰な自動化、流行に流されたIT投資 ○即時償却、正しい自動化、シェアリング・エコノミーの活用
カネの固定費	×過大な流動比率で寝るお金、自己資本がタダだという誤解 ○流動比率の適正化、WACCの見える化、IRRの管理

固定費のフレキシブル化への取り組み

No.091 | モノの管理／工場立地のトランスフォーメーション

◆自動化には現状固定のリスクがあることに注意

　デジタル投資や自動化は巨額な投資であり、現状の固定化でもあります。いったん実施してしまうと後戻りができません。過剰に自動化された生産設備は環境変化に対して脆弱で、フレキシビリティを失います。作ってしまった生産設備や基幹システムは数十年間も使い続けなければならず、その間、製品や工法や業務の進化が止まります。重装備な工場は容易には移転できなくなるので、地震や河川の氾濫、海面上昇や火山災害などが立地に及ぼすリスクを真剣に評価しておかなければなりません。

　南海トラフ地震では、地震の大きな揺れと火山災害の誘発、東北大震災級の津波などが予想されています。東海地方から西日本の太平洋側一帯が影響を受けますが、従業員や工場の疎開は必ずしも進んでいません。また、地球温暖化による海面上昇は今世紀末に1m弱に達すると言われ、いったん始まると急激な加速が予想されますが、やはり対策は遅れています。過去の事象に鑑みれば、気温が1℃上昇すると最終的に縄文海進を超える海面上昇リスクがあります。堤防や防潮堤などのインフラの老朽化も進んでおり、台風の大型化と相まって高潮被害がすでに出始めています。

◆DXを機にビジネスの姿を変え、立地も見直していく

　固定資産を取得する場合、経済社会や地球環境に生じつつある危険な兆候をいち早く察知し、変化に対応できるフレキシブルな経営資源を構築することもDXの重要な目標の一つです。リアルを背負う製造業は、この変化から逃げるわけにはいきません。言い換えれば、変化にいかに向き合い安定供給の責任をしっかり果たしていけるかということが、これからの製造業の新たな競争力の源泉になっていくのです！

	気温の変化	海面の変化
氷河期の終わり（10千年前）	+8℃	+120m
縄文海進（4千年前）	+0.5℃	+5m程度
現在	+1.0℃（さらに上昇）	（これから上昇）
東北大震災（10年前）		+10m超の津波
南海トラフ地震（これから）		+10m超の津波

海面変動というリアルに注意

DX for Manufacturing!!

No.092 | カネの管理／自分の会社の WACC を知らない？

◆株主資本を自己資本と呼ぶべきではない

　会社の B/S（バランスシート）を見れば明らかですが、会社の資源としてのお金には2種類あります。すなわち他人資本（銀行からの借金）と株主資本（株主からの払い込み＋内部留保）です。なお、株主資本は自己資本とも呼ばれてきましたが、所有と経営の分離という観点からは、自己資本という名称は誤解を招くので止めましょう。

　他人資本の元を辿れば、市井の誰かの預金や債券投資に行き着きます。利子と元本返済が確約され返済期限も明確なローリスクな投資であるため、リターン（利子率）も低いのが通例です。会社からみれば、相対的にコストが安い資金だと言えるでしょう。その一方、株主資本の元を辿れば、市井の誰かの株式投資に行き着きます。配当と元本の返済が確約されておらず（株は紙くずになることもある！）、返済期限もないのでハイリスクな投資であることから、期待されるリターン（利子率のようなもの）も高くなります。会社から見れば、相対的にコストが高い資金だと言えます。

◆WACC を知らされているか？　その必達を目指しているか？

　社内のお金の実物を見ても、他人資本と株主資本の見わけはつきません。そこで両者のコストの加重平均（WACC）を管理するのが世界の潮流です。WACC の達成こそが株式会社の最も根本的な使命なのです。そして WACC が達成できない会社は株式市場から抹殺されるというのが資本主義の掟です（もちろん GAFA も同じ！）。DX で WACC を見える化し、その達成を目指しましょう（No. 112 参照）。

バランスシート

流動資産	流動負債
工場在庫	（他人資本）
当座資産	固定負債
	（他人資本）
固定資産	純資産
	（株主資本）

他人資本
返済期限あり
元利保証あり
議決権なし

株主資本
返済期限なし
元利保証なし
議決権あり

他人資本と株主資本、両方合わせて WACC（ワック）

No.093 カネの管理／資金管理のトランスフォーメーション

◆資本主義を揺るがす致命的誤解に注意

　会社のトランスフォーメーションを語る時、どうしても申し上げておかなければならないことがあります。昨今、多くの専門サイトやコンテンツで「自己資本はタダ」という認識を下地にしたレガシーな説明がコピペされていますが、それは全くの誤りだということです。

> ✔自己資本比率が高ければ返済義務のないお金を潤沢に持っていることになる。自己資本比率の低い状態が続いている会社は金利負担が重い　　あるサイトの説明
> ✔株主からの資金調達である自己資本は業績が好調なときには株主に対して配当金を支払う必要がありますが業績が悪くなったときには配当金の支払いを見送ることができます。　　　　　　　　　　　　　　　　　あるサイトの説明

　確かに自己資本（株主資本）には直接の返済義務はありません。しかしそれは市井の株主から預かった株式投資です。株主は配当（または内部留保の増加による株価上昇）を期待して資金運用しているのであり、タダのお金が存在するはずはありません。会社の業績が良くても悪くても。

◆年金が崩壊しかけているのは、自己資本がタダだと誤解しているから

　実は、こうした株式投資で損をしている株主は、退職金や年金の運用をしている私たち自身なのです。国内に広まった「自己資本はタダ」という経済社会を揺るがす致命的誤解（今までの日本は資本主義社会ではなかった？）は、150％を遥かに超える過大な流動比率や多額に寝かされた当座資産を生み、株価低迷や年金崩壊、経済低迷の原因にすらなっていきます。この資本主義を揺るがすレガシーな誤解のコピペを解消するには、自己資本という名称を使わないようにするしかないでしょう。これが資金管理のトランスフォーメーションの根幹の一つです。

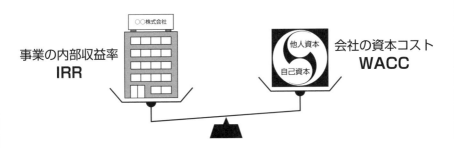

事業の内部収益率
IRR

○○株式会社

他人資本
自己資本

会社の資本コスト
WACC

株主資本（自己資本）はタダではない

// Summary and conclusion! //

恐竜の道

✔ 人をコスト扱いする DX
✔ 意識の変革につながらない DX
✔ GAFA の真似をして、GAFA になれない DX
✔ 自己資本がタダだと考える DX

哺乳類の道

✔ 人を資源として大切にする DX
✔ 人の意識を変え、目標管理を変える DX
✔ 自分の WHAT を、自分の力で考える DX
✔ WACC の責任ある達成を目指す DX

推進 STEP.7
<u>生産性を見える化</u>

Always, Be Flexible!

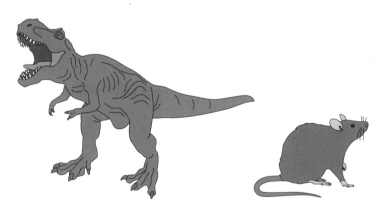

Dinosaur's way ⬅ ➡ Mammal's way

No.094	生産性管理にもトランスフォーメーションが必要な現実

◆変わる世界／変われない日本

「長時間、まじめに働く日本人…」

そんなステレオタイプはだいぶ崩れてきましたが、それでも今なお日本人は世界でも稀に見る勤勉な国民です。では、日本の生産性はどんな状況なのか？ 生産性には様々な定義がありますが、最もオーソドックスなものは以下のようなものです。

生産性＝GDP÷労働人口

ここでGDPとは国内の付加価値（稼ぎ）の合計ですから、生産性とは一人がどれくらい稼げているかを表す指標だということがわかります。一人当たりの稼ぎという意味で、生産性は生活水準を示す指標でもあります。

◆すでに先進国から脱落？

そして日本の生産性がどうかというと、実は先進国で最下位なのです。言い換えれば、すでに日本は先進国から脱落してしまったということです。しかも順位は下がり続けています。勤勉な国民性と長時間労働にもかかわらず、生産性が先進国の水準に届いていないという現実は深刻です。これは私たちの努力の仕方がレガシー化していることを如実に示すものです。かつてのように外貨を稼げなくなった資源小国・日本は、様々な資源や食料すら世界市場で買い負け始めています。これから私たちは、世界とどのように戦うべきなのでしょうか？

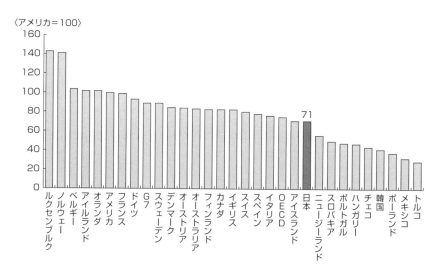

生産性の低迷…先進国から脱落した日本

No.095 今まで見える化されてこなかった、コストと生産性

◆現実に向き合ってこなかった日本

「生産性を向上しなさい！」

「もっとしっかりコストダウンをやりなさい！」

何らかの形で生産性向上やコストダウンに取り組んでいない会社はないでしょう。しかし信じられないことですが（！）、従来の国内製造業ではコストや生産性が全く見える化されてきませんでした。誰も本気で取り組んでこなかったとしか思えません。

生産性の定義や、その計算方法すら、曖昧だったのです！

それは、売上原価がたった一行で、変動費と固定費さえ分離されないレガシーP/Lにも明らかです。このままでは永久に日本の生産性は向上しません。見える化されていないがゆえに、私たちは的外れな活動に埋没し、やっているふりをし、生産性の低迷を招きました。そもそも「見える化」は日本の製造業が誇るカイゼンの言葉です。品質向上やコストダウンに取り組むカイゼンは世界的に有名なものですが、最も肝心な生産性やコストがカイゼンによって見える化されてこなかったという事実は驚きであり、真に日本の悲劇です。リアルから逃げ続けた製造業は世界の負け犬となりました。

◆DX で真っ先に見える化すべきもの

勇気をもってリアルに向き合った会社と向き合わなかった会社、どちらが生き残るかは明らかです。次のディープインパクトがやって来る前にやるべきことはたくさんありますが、まずコストと生産性を見える化しなければ、どんな事業も成功しません。デジタルビジネスの創出云々という議論は、その後でゆっくりすべきものでしょう。

コストも生産性も、全く見える化されていなかった！

No.096 | そもそも生産性って、なんだ？

◆生産性の定義が曖昧だった

「もっと生産性を上げなさい！」

耳にタコができるくらい言われます。でも、そもそも生産性って何ですか？　何をすれば生産性は上がりますか？　何を測れば生産性が上がったといえますか？　それがわからずに生産性を向上できるはずはありません。

◆標準時間を決めることは難しい

　従来しばしば用いられてきた生産性の測定は、標準時間に対する実績時間の短縮を見る方法でした。例えばある作業に対する標準時間（目標時間と読み替えてもよい）が 10 分、実績時間が 8 分だった場合、（10 分－8 分）÷10 分で 20 ％生産性が改善したと評価する方法です。しかし標準時間を客観的に決めることは、実際は非常に難しいです。

> ✔ある新製品を 1 台組み立てたら 10 分だった
> ✔10 台組み立てたら 93 分だった（100 分ではなく）。
> ✔もう一度、10 台組み立てたら 85 分だった（慣れたのか？）
> ✔もう一度、1 台組み立てたら 14 分だった（疲れてきたのか？）
> ✔実は、作業者が同じではなかった。同じ作業者でも、毎回違う。
> ✔実は、準備作業に 25 分かかっていた。これは入れるか入れないか？
> ✔時間に余裕がある時は、いつもより丁寧に組み立てていた

　現実には、多くの現場で余裕を見て甘めの設定になっているようです（例えば 12 分）。すると評価も甘くなり、見せかけの生産性向上が作り出されるという悲劇が起こります。立派なカイゼン成果が報告されながら、真のムダは放置され損益は変わらないというのが日本製造業のリアルなのです。

標準時間を決めることは、とても難しい

No.097	標準時間は、ブルーカラーの管理手法だった

◆標準時間の限界

多くの現場で使われてきた標準時間は、生産性の評価指標としては限界があります。

- ✔妥当な標準時間を決めることが難しい
- ✔作業時間が短縮できても手待ちが増えるだけなら意味がない（正社員の場合）
- ✔自動化・標準化された工程では、工夫の余地が小さい（逸脱を禁止されている）
- ✔作業日誌で管理している場合、正しい実績が申告されない（虚偽申告や過誤）

もっと本質的な限界は、もし本当に作業時間が短縮していても（60分→30分など）、作った製品の付加価値が同時に下がっていたら（1000円→500円）、生産性は向上したとは言えないことです。

◆標準時間のさらに根本的な限界

標準時間による管理の起源は、20世紀初頭の工場で行われていた生産ノルマの管理です。当時の製造工程は

- ✔作業者のスキルに強く依存しており
- ✔製造原価に占める労務費の比率が高く
- ✔製品の付加価値は高く
- ✔それほどモデルチェンジが頻繁ではない

という状況にあり、標準時間による生産性管理が有効だったのです（ストップウォッチを使った科学的管理法の始まり）。しかし21世紀の今日、事業の状況は大きく変わりました。結果としてさらに深刻で根本的な限界が生じています。それは、この方法では標準時間を持たない非定型業務、特にホワイトカラーの生産性が測れないことです。

標準時間（60分）	実績時間（30分）	生産性向上 50%
付加価値 不明	付加価値 不明	

標準時間（60分）	実績時間（30分）	生産性向上 0%
付加価値1000円	付加価値500円	

どちらが本当の生産性？

DX for Manufacturing!!

No.098 ブルーカラーのホワイトカラー化

◆20世紀型業務の消滅

20世紀の製造業は、管理する人（ホワイトカラー）と管理される人（ブルーカラー）という構図で成り立っていました。管理する人が定めた標準時間を、管理される人に守らせるという業務分担で生産活動が行われてきたのです。その後の100年間で、製造工程における定型作業の管理手法は精緻化していきました。

> **＜フォード自動車の工夫＞**
> ベルトコンベア式生産ライン（ベルトコンベアの速度で生産性を決める）
> **＜トヨタ自動車の工夫＞**
> カイゼンによる7つのムダ取りで、作業の徹底的なムダ排除

近年は、自動化・ロボット化・デジタル化の浸透で、製造原価に占める労務費の割合は顕著に低下し、スキルレス化も進んだため、定型作業の管理の重要性が相対的に小さくなりました。その一方で、非定型業務の生産性管理は手付かずのままでした。

◆21世紀型の新たな業務

21世紀の今日、かつてのブルーカラー的な作業は、自動機を操作するだけの単純な定型作業（コスト的な業務）と、ホワイトカラー（技術部門や営業部門など）と一体で行う高度な非定型業務（資源的な業務）に分化しました。これから重要になるのは非定型業務の方です。しかし従来の標準時間による管理では、非定型業務の生産性を管理することができません。DXに取り組むなら、この非定型業務の管理をトランスフォーメーションしなければなりません。そうしなければ徹底的な生産性向上など絶対に不可能です。

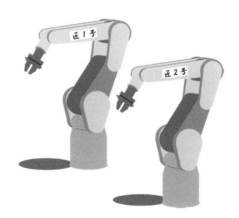

標準化と自動化で、工程のスキルレス化が進んだ

DX for Manufacturing!!

No.099 非定型業務の生産性を、どうやって管理するか？

◆生産性の本質は、付加価値を生む活動の効率

　非定型作業の生産性を測定し管理していくにはどうすればよいでしょうか？　生産性の本質は付加価値を生み出す活動の効率の良否ですから、付加価値を○○で割るという形で計算するのが基本です。○○には効率を測る対象になるものが入ります。

$$\frac{付加価値}{○○}=生産性$$

　この計算方法の特徴は、標準時間を使っていないことです。標準時間は社内の都合で勝手に設定されるものであり客観的な生産性の基準にならないからです（工程設計上の目安としては重要ですが）。因みに、「日本の生産性は…」と言われる時の計算式はGDP(付加価値)÷労働人口でした。

◆基本式は、付加価値÷固定労務費

　生産性の計算式としては、付加価値÷人数、付加価値÷作業時間なども想定されますが、最も実務的な形は、付加価値÷固定労務費です。事業活動においては労務費の水準を適切に決定していく必要があるからです。いずれにしても生産性（各個人、各部門、会社全体）を測定・管理し、人材を育て、生産性を向上していくためには、事業活動が生み出した付加価値を明らかにしなければなりません。しかし従来のレガシーP/Lでは付加価値が読み取れませんでした。ですから必然的に新しいP/Lを工夫する必要が生じることになります。新しいP/Lで毎月の生産性を見える化しましょう。DXで生産性コミュニケーションツールを展開し、各部門の生産性のトレンド（良くなった／悪くなった）を共有することで、日々の活動に対する様々な気づきを提供できます。

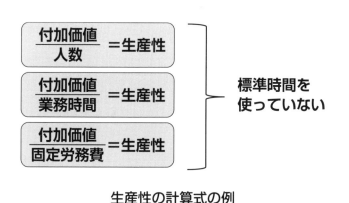

生産性の計算式の例

No.100 管理の対象が変われば、P/L だって変わる

◆20世紀型のレガシーP/L では、DX が推進できない

不動の常識として顧みられることがなかった P/L ですが、実はそれは100年前に工場を集中管理するためにデザインされたものでした。販売費が売上原価から切り離され販管費側に混ぜ込まれているという異常な構造にもその特徴が表れています。従来のレガシーP/L が管理対象として想定してきたのは、もっぱら製造工程内の定型作業だけだったのです。売上原価（≒製造原価）には標準原価が設定され、厳しいコストダウンの対象にされてきました（管理される人）。その一方で、管理する側の生産性は積極的に管理されずに放置され、生産性の深刻な低迷を招きました。この P/L のまま DX をやっても会社の生産性は上がりません（どうなったのかすらわからない）。

◆DX で、21世紀型の P/L を実現する

P/L の形は、会社の文化や、関係者の行動や、意思決定の在り方に直結します。なぜなら会社の関係者は P/L で目標を設定され、成果を評価されるからです。P/L をトランスフォーメーションしなければ、企業文化や事業活動のトランスフォーメーションはありえません。そして21世紀にあるべき P/L の形とは、工場／非工場という区分ではなく、コストや資源を適切に管理できるものであるべきです。「コスト的業務」として想定されるのはアルバイトや日雇い作業者（変動労務費）が担う定型作業であり、「資源的業務」として想定されるのは正社員（固定労務費）が担う様々なイノベーションです。

20世紀型のP/L

売上高
－売上原価（≒製造原価）・・・ 叩かれる人 ブルーカラー
＝売上総利益

－販売費
－一般管理費 ・・・・・・・・・・・ 叩く人 ホワイトカラー
＝営業利益

－営業外費用
＝経常利益

21世紀型のP/L

売上高
－材料費
－変動労務費 ・・・ コストの道 定型作業に従事
－外注加工費
－変動販売費
－在庫金利
＝付加価値

－固定労務費 ・・・ 資源の道 イノベーション
－減価償却費
－資本コスト
＝経常利益

DX/M の重要ポイント

Point1　コストダウンと生産性向上は、正反対の活動だということを認識する

コストダウン…なるべく使わないということ 生産性向上　…しっかり使うということ	正反対の活動を混ぜたら、そのどちらにも失敗するのは自明のことです。実際に、日本中で両方に失敗しています。

Point2　ターゲットを定義する

コストダウンの対象…変動費（いわゆるコスト） 生産性向上の対象　…固定費（経営資源の維持費）	コストダウンの対象になる費用が変動費、生産性向上の対象になる費用が固定費です。

Point3　ターゲットを分離する

売上高 －変動費　　　　… コストダウンしたいもの ＝付加価値 －固定費　　　　… 生産性を向上したいもの ＝キャッシュフロー	管理目標が正反対である変動費と固定費は、P/L 上でしっかり分離しておかなければ適切に管理できません。

Point4　固定費（資源）の内訳と、それが稼ぎ出した付加価値を明確にする

売上高 －コスト －付加価値　　　… 経営資源が稼いだもの －ヒトの維持費　… 生産性を向上したいもの －モノの維持費　… 生産性を向上したいもの －カネの維持費　… 生産性を向上したいもの ＝キャッシュフロー	ある活動がどれくらい効率的に付加価値を生み出せたかというのが生産性の本質です。例えばヒトの生産性は、付加価値をヒトの維持費である固定労務費で割って求めます。

DX for Manufacturing!!

No.101 ホワイトカラーの生産性を、どう管理するか？

◆変動労務費はコストダウンを目指す…アルバイト、日雇い、時給社員など

　変動費はコストですから、コストダウンの対象になることがあります。変動労務費の場合、究極には工程を完全自動化して労務費ゼロにすることも想定されるでしょう。ただし変動労務費に属する方々を資源と混同してはなりません。しばしば国内製造業では変動労務費の方々に「自主的なカイゼン活動」を無理強いする場面がありますが（！）、それはコンプラ違反です。無理強いされた活動から良い成果が生まれるはずもありません。

◆固定労務費は生産性向上を目指す…固定給の正社員など

　固定費は資源ですから、生産性向上の対象です。非定型作業に従事する以上、自主的活動が期待されます。固定労務費に属する方々をコストと混同してはなりません。従来の国内製造業では正社員をコスト扱いして人材育成に失敗してきました。これでは主体的な人材は育ちません。イノベーションも起こせません。文句は言えても、誰も理想を語れません。事業活動は沈滞し、世界に後れを取るばかりです。こうした失敗が起こるのは、従来のレガシーP/Lがコストと資源をゴチャゴチャにしていたからでしょう。新しい管理で人材を育てましょう。そして強い会社を作りましょう。

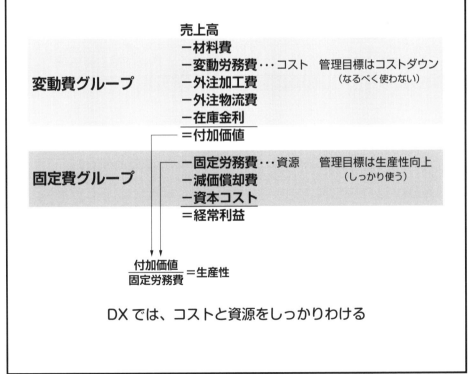

No.102	今日のムダが、明日の価値を創る

◆イノベーションは強制できない

　20世紀的な「作る」の時代が終わり、全員で新たな価値を「創る」時代になりました。自動化やロボット化、AIの発達した今日、ヒトがやるべきことはイノベーションです。ここでいうイノベーションとは、新製品や新技術の開発だけではなく、新しい業務のやり方、新しい原価計算、新しいマネージメント、新しい人と人のつながりの構築など様々なものを含みます。こうしたイノベーションを生み出す力こそ21世の事業競争力の源泉なのです。しかしイノベーションは強制できません。怒鳴っても監視してもイノベーションは起きません。それは意欲ある人材の自主的な活動としてしか現れ得ないものだからです。イノベーションを成功させるカギは、主体的に動ける人材の育成にあります。

◆指示し、束縛し、取り上げるだけでは人材は育たない

　今まで多くの製造業で、ヒトはコスト扱いされ、一方的に指示され、ムダ取りと称して時間や予算を取り上げられるだけの存在でした。その結果、ヒトは指示を待つようになり、主体的に動かなくなり、意見を言わなくなりました。人材を育て、イノベーションを活発にするには、「何をしたいか？」を常に問い、小さな資源（時間や予算）を任せてみることが大切です。任されたものを自分の発意と創意で正しく使い切るのは案外と難しく、常に訓練が必要です。ブラブラしているように見える時間や雑談がイノベーションの瞬間であることも多いのです。昨今のIT産業は雑談を大切にし、それを促すしかけを作っています。今日のムダが、事業の明日を創ります。

　しかし、時間や予算を任せ放しにしていたのでは、ムダが本当のムダで終わってしまうかもしれません。そこで生産性の測定が同時に必要になるのです。小さな資源を任された人の生産性が順調に伸びていれば、もっと大きな資源を任せてみましょう。その人の生産性が伸びていなければ支援や指導をしなければなりません。そして当然のことながら、生産性を評価するには、その計算方法をきちんと定義しておく必要があります。

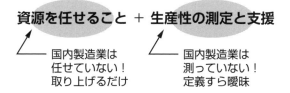

　資源を任せること　＋　生産性の測定と支援

　　　　国内製造業は　　　　　　国内製造業は
　　　　任せていない！　　　　　測っていない！
　　　　取り上げるだけ　　　　　定義すら曖昧

人材育成の方程式

No.103	行動のトランスフォーメーション

◆生産性を測定しなければ、生産性は向上しない

　生産性を向上させる方法は、当たり前のようですが生産性を問うことです（！）。「生産性を向上せよ」と言われながら、今まで本当に生産性を問われることはありませんでした。生産性の定義が曖昧で、それを測る術すらなかったからです！　実際に生産性を測るには、事業活動が生み出した付加価値を知らなければなりませんが、レガシーP/L では付加価値を明らかにすることができませんでした。

　「思い切ってやってごらん」と言われて時間や予算を任されれば、成長する人材が必ず現れます。小さなイノベーションに成功した人は大きなイノベーションでも成功します。その成功を見て、さらに多くの人が続くでしょう。社内の風通しは良くなり事業はどんどん強くなります。付加価値を問われず任されず、生産性も測定されなければ、ヒトはリスクを恐れ、指示を待つだけとなり、進んで何もせず、何も言わなくなります。

◆付加価値生産性を軸に多様なコミュニケーションを始める

　生産性コミュニケーションツールで、各自の活動に対する適切なフィードバックをしていきましょう。直接部門の場合、一人ひとりが貢献した付加価値の測定は比較的容易ですが、「付加価値÷各自の固定労務費」の値の大小は、たまたま担当した製品や業務の内容によって大きく差が付いてしまうこともあります。こうした場合は、付加価値生産性そのものではなく、その伸び率で各自の努力を評価することができます。納得感のある評価の方法を進化させていくこともフィードバックが必要な理由です。

　間接部門の場合、各自の貢献を付加価値生産性だけでは測ることができず、別の目標を背負うこともあります（定性的な目標／定量的な目標）。こうしたケースでは、付加価値生産性以外の目標を背負う理由をしっかり話し合っておかなければなりません。いずれにしても生産性を軸としたコミュニケーションをすることで、一人ひとりの自覚ある行動を促すことができます。これが行動のトランスフォーメーションです。

$$\frac{付加価値}{固定労務費}=生産性$$

生産性を測らなければ、何も始まらない

No.104 | 時間生産性の管理

◆製造部門の作業者救済と創造的活動への誘導

　「付加価値生産性」を問われることで、各自には仕事を取りに行く動機が生まれます。どんどん仕事を取りに行った方が、担当の付加価値が増えるからです。しかし、製造部門の作業者が稼ぎ出す付加価値は景気の良否や販売部門の努力の影響も受けてしまうかもしれません。そこで作業者救済のため、「時間生産性」を併用するという方法が考えられます。仮に売上高が半減し付加価値が半減してしまっても、作業時間も半分にできていたら時間当たりの生産性は維持できたとする考え方です。

　とはいえ、作業時間以外の時間が単なる手待ちになっていたのでは意味がありません。そこで、あらかじめ合意された創造的活動（たとえば製品開発への協力、新しい装置の立ち上げ、新人教育、自分自身の技能研修、重要な会議への参加、安全や自主保全活動など）への参加時間（非作業時間）を勤務時間から引いた残りを作業時間と認定するという方法が考えられます。これにより作業者は創造的活動に参加すればするほど認定された作業時間が短くなり、手待ちを作らず時間生産性を改善できます。

作業時間＝勤務時間－非作業時間（創造的活動の時間）

◆評価のディシジョン・ツリーの例

　第一の判断：付加価値生産性が良ければ評価は「良い」です。
　第二の判断：付加価値生産性があまり良くなかった場合は、
　　①時間生産性が良ければ、個人の頑張りを考慮し評価は「良い」です。
　　②時間生産性が悪く、ムダな残業もあれば評価は「悪い」です。
　　③時間生産性が悪くても、ムダな残業が無ければ評価は「普通」です。

　この評価では非作業時間をしっかり申告した方が有利になるので、作業時間を過少に申告するといった虚偽申告を防げます。評価が良ければ、賞与や昇給への反映、昇格、あるいはさらなる資源（時間や予算）を任せてみましょう。前へ、前へ！

$$\frac{付加価値}{作業時間}＝生産性$$

DX で、創造的な活動へ誘導する仕組み

No.105 長時間勤務は生産性を下げる

◆間接部門の生産性評価

　付加価値生産性と時間生産性の組み合わせによる評価は、いわゆる間接部門の評価にも展開できます。例えば、会社全体の付加価値が 100 億円を維持したまま、経理部門の人数が 5 人から 4 人に減らせた場合、25 ％の付加価値生産性向上になります。

　100 億円÷5 人＝20 億円／人
　100 億円÷4 人＝25 億円／人

もしこの時、景況悪化等で会社全体の付加価値が 80 億円に下がってしまった場合、付加価値生産性は向上しなかったことになってしまいます。

　80 億円÷4 人＝20 億円／人

しかし同時に、創造的活動への積極参加によって定型業務の時間を大幅に短縮できていた場合、時間生産性の改善を評価できるでしょう。従来、1 分 1 秒まで管理されていたブルーカラー作業だけではなく、ホワイトカラー的な業務についても、長時間勤務が自然に解消に向かう仕組みが必要です。時間生産性を管理指標にすれば長時間勤務が生産性を下げることは明白です。付き合い残業などの悪弊もなくなるでしょう。真にカイゼンが必要なのはホワイトカラーの方だったのです！

◆テレワークへの対応

　そもそもホワイトカラー的な業務（非定型業務）を勤務時間の長さで縛ったり評価したりするのは間違っています。それはヒトをコスト扱いする道だからです。コスト扱いすればヒトはコストとしての態度を身に着け、本当のコストになってしまいます。自主的な人材は育たず、誰もモノを言わなくなり、イノベーションが止まります。そして事業が死んでいくのです。真に管理されるべきは勤務時間の長短ではなく、アウトプットの質です。今後、テレワークが広がるなら、なおさらです。着席時間を監視してもアウトプットが未達成なら意味がありません。アウトプットが達成できていれば着席時間は関係ありません。目標管理をもっと大切にしましょう。

コストの道 → 勤務時間の長さで縛る／縛られる

資源の道 → アウトプットに責任を持つ／持たされる

会社と個人はどちらの道を選ぶのか？

DX for Manufacturing!!

No.106 今まで生産性の向上を妨げてきたもの

◆手付かずの問題は、手付かずの可能性でもある

　DX 関連のコンテンツでは、「徹底的なコストダウン」「徹底的な生産性向上」といったフレーズを見かけます。それにもかかわらず、

✔コストダウンの対象となるコストをどう定義するか？
✔コストダウン活動を P/L 上でどのように見える化し、管理していくか？
✔生産性をどう定義するか？
✔生産性を P/L 上でどのように見える化し、測定し、管理していくか？

などの基本的事項がしっかり議論されてこなかったことは驚きです。同様に、

✔コストダウン活動が P/L やコストの内訳に無関心
✔在庫削減活動が B/S に無関心
✔生産性向上を目指す活動が生産性の測定に無関心

という状況は真に日本の悲劇です（今まで誰も本気ではなかったということなのでしょうか？）　でも大丈夫です！　これら手付かずの問題は、手付かずの可能性でもあるという意味で、私たちの明日への希望でもあるからです。

◆DX は、レガシーロジックを見直す最後のチャンス

　コストダウンや生産性向上に役立てるためには、P/L や B/S の見直しが必要です。しかし今までどんなにレガシーロジックやレガシーP/L の修正を呼びかけても、

「基幹システムが対応できない」

と言われて話が止まってしまうのが常でした。しかし 2025 年の崖に向かってレガシーシステムを更新するなら、それはレガシーロジックを見直してお金の流れを変え、真のコストダウンや真の生産性向上に向かって踏み出す最後のチャンスになるでしょう。その一歩に会社の未来（トランスフォーメーション）がかかっています。

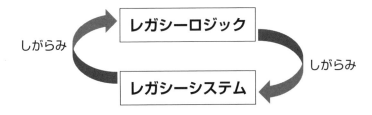

DX は、両方同時に更新する最後のチャンス

No.107 数値管理することの意味

◆お金で測れない部分をどうするか

　ヒトの生産性評価の基本は「付加価値性生産性」（＝付加価値÷労務費）でしたが、ヒトの活動にはお金で測れない部分が必ずあります。特に創造的な活動については、その価値が、未来をどう予想するかによって大きく変わります。ですからその部分は、関係者の価値観にもとづく判断に頼らざるを得ません。どうやってバランスを取るべきか…　とにかく会社の方針を決め、組織ごとにやり方を決めておきましょう。

　しかし、こうした議論が成り立つのも、そもそも付加価値生産性という視点を持ち込めばこそです。だからこそ、会計的に生産性を考える必要があります。会計で（お金で）なんでも測れるわけではありませんが、お金で測ろうとしなければ何も始まらないというのも現実です。そうでなければ「えこひいき」で評価するしかありません！　生産性で測れない目標についても、なるべく数値化を心がければ、評価の齟齬を防止できます。どうしても数値化できない目標がある場合でも、評価者と被評価者がよく話し合い、一人ひとりが目指すゴールのイメージをしっかり共有しておきましょう。

◆毎日の監視か？　成果のモニタリングか？

　IT を駆使して日々の業務を監視することは「コストの道」です。それはヒトを委縮させ、イノベーションを殺します。他方、成果のモニタリングはヒトを鼓舞する場面が多いでしょう。やるべきことを曖昧にしたまま業務の監視方法ばかりを工夫するよりは、達成すべきアウトプットを明確に指し示し、その達成への責任をしっかり自覚させ支援をしていく「資源の道」を目指す方が、遥かに建設的な DX になるのではないでしょうか？　人を育て、強い会社を作りましょう。

体重・血圧・生産性…　勇気を出して現実に向き合う！

No.108 ROAから、CO₂生産性への移行

◆付加価値で様々な生産性が測れる

　ここまで付加価値生産性や時間生産性について考えてきましたが、その他にも付加価値を軸として様々な生産性を評価することができます。その1つがCO_2生産性です。CO_2は日本政府によって2050年までに排出ゼロにすることが宣言されており、各社においても早急に具体的な取り組みを開始しなければなりません。しかし現実にはCO_2の削減は製造業にとって極めて困難な取り組みになると予想されます。製造業はリアルにモノを扱う事業であり、一定のエネルギー消費が不可避な産業だからです。その際に、製造業の新たな活動の指標になるのがCO_2生産性です。

◆いずれは、重要な財務指標になる

　CO_2削減の方法としては、①まずは地道な省エネがあります。②熱源として燃料を使っている場合には、それを電力に切り替え、③さらにその電力を排出係数の低い電力に切り替えていくといった取り組みも想定されます。④最終的には製造プロセスや、会社が提供する製品・サービスの在り方すら変えていかなければならないでしょう。いずれも簡単な取り組みではありませんが、製造業を支え、その取り組みが成功しているのか／正しい方向に向かっているのかを示すのがCO_2生産性です。CO_2生産性は、事業活動で生み出される付加価値をCO_2の排出量（エミッション）で割って求めます。分母になるCO_2の排出量は、エネルギー使用量から求めることができます。

　経済と環境は対立しません。今日、先進国最下位となってしまった日本の生産性に真剣に向き合い、その改善を目指すことは、経済発展と環境保全の両方に寄与します。CO_2生産性が新しい競争力の源泉となり、その良否が、会社の活動の重要な道しるべとなるでしょう。従来の経済社会に、ROAなど投入資金あたりの事業効率を測る指標があったように、CO_2あたりの事業効率を測るCO_2生産性もまた、重要な財務指標として管理され開示される日がやってきます。DXで戦いましょう！

$$\boxed{\text{CO}_2 \text{ エミッション}}$$

$$\boxed{\frac{\text{付加価値}}{\text{CO}_2} = \text{生産性}}$$

CO₂あたりの生産性が開示される日がやってくる

DX for Manufacturing!!

No.109 | AI で、CO₂ ナビゲーターを作る

◆省エネ・ナビゲーターの設計

昨今の AI の進歩には目覚ましいものがあります。IoT 技術を応用したデジタルツィンや遠隔保守の技術は、既に先進的な会社で運用が始まっています。これをさらに一歩進めれば、製造業の CO_2 削減を支援する CO_2 ナビゲーターを設計できます。CO_2 ナビゲーターは、今までイメージ先行で目的曖昧になりがちだった工場管理の IoT に明確な目標を与えます。そこから派生してくる様々な関連技術は、原材料の節減や生産アウトプットの最大化、故障の前兆現象の把握、設備稼働率の把握など多方面に応用できます。

<インプット>
- ✔生産装置のコンディションの変化
- ✔原材料の状態の変化
- ✔気象や気温、湿度の変化
- ✔作業方法の巧拙
- ✔生産負荷の変化
- ✔設備の累積運転時間、他

<アウトプット>
- ✔最適な運転計画
- ✔最適な立ち上げ手順、運転操作
- ✔最適な生産装置の選択
- ✔最適な生産装置間の負荷分担の決定
- ✔最適な設備保全プラン
- ✔最適な設備改修プラン、他

◆工程改善や製品開発への応用

CO_2 ナビゲーターの運用で得られる様々なデータは、各種シミュレーションの基礎データとして、工程そのものの改善や、製品開発、技術開発、コストダウンに応用できます。優れた省エネ活動や CO_2 削減活動のナレッジで構築する AI は、それ自体が事業競争力の新たな源泉になるでしょう。

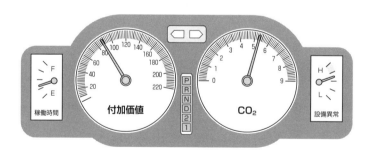

生産活動を支えるナビゲーター

No.110 エネルギー資本主義がやってくる

◆エネルギー生産性を厳しく問われる

　昨今、地球温暖化が大きな問題となり、CO_2排出削減が叫ばれますが、それ以上に深刻な状況にあるのが化石燃料の枯渇です。現状の石油・石炭・ガス・ウラン全体の可採年数は約70年ですが、これはゼロ成長を前提にした年数です。仮に世界全体で年3％程度の経済成長を見込むなら、化石燃料の可採年数は約40年（2060年頃に全て枯渇）になってしまいます。指数関数で計画される経済活動やエネルギー消費をカバーできる新技術や新資源はありません。それゆえに、脱化石燃料は地球のためのキレイごとではなく、経済社会の生存問題そのものです。

　化石燃料が枯渇する（少なくとも入手困難になる）時、日本も全ての経済活動を再生可能エネルギーだけで賄わなければならなくなりますが、残念ながらその資源量には限りがあり、最大限に頑張っても現状の3分の1程度の供給量になってしまう可能性があります。結果としてやってくる社会は、エネルギーあたりの生産性を厳しく問われるものになるでしょう。その時、国内製造業はエネルギーあたりの生産性向上に真剣に取り組まなければならず、今日の生産性やコストダウンのようにレガシーP/Lでごまかすわけにはいきません。

◆エネルギー資本主義がやってくる

　資源量の制約に加えて、再生可能エネルギーには「供給不安定で蓄積も難しい」という性質があります。それが富の概念すら大きく変えてしまうかもしれません。エネルギーが蓄積できずその使用に制約が生じれば、お金を自由に使うことができなくなり、富の蓄積が無意味になるからです。かくして富を測る基準は「お金」から「エネルギーの使用権」へと移るでしょう（エネルギー本位制）。そして、今日の株式会社がお金の出資を受けて営まれ、お金の出資あたりの生産性を問われるように、エネルギー使用権の出資を受け、エネルギー使用権あたりの生産性を問われる社会がやってきます。リアルと戦う製造業が取り組むDXは、そんな時代を力強く生き抜くためのものでなければなりません。

$$\frac{付加価値}{エネルギー}=生産性$$

エネルギーあたりの生産性を問われる時代がくる

// Summary and conclusion! //

恐竜の道

✔ 生産性の測定に無関心な DX
✔ 人材の育成につながらない DX
✔ イノベーションにつながらない DX
✔ リアル社会の困難に向き合えない DX

哺乳類の道

✔ 生産性を軸にしたコミュニケーションの DX
✔ 人材育成のループが回せる DX
✔ イノベーションに人を導く DX
✔ リアル社会の困難と戦うための DX

推進 STEP.8
キャッシュフローも見える化

Always, Be Flexible!

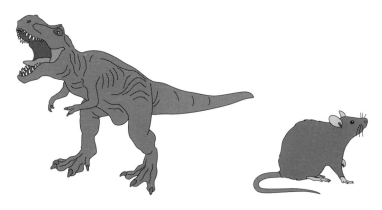

Dinosaur's way ← → Mammal's way

No.111	株式会社の根本的責任

◆WACC の必達を目指す

　株式会社の最も根本的使命を御存じでしょうか？　それは資本コスト（WACC）の達成です。しばしば言われる「売上を伸ばして利益を出す」というのは、必ずしも正しくありません（！）。なぜなら利益が出ていても WACC は達成できていないことがあるからです。しかし従来のレガシーP/Lでは、WACC が達成できたかどうかがわかりませんでした。

> 経常利益が赤字　　→ 他人資本のコストは×、株主資本のコストも×
> 経常利益が黒字　　→ 他人資本のコストは×、株主資本のコスト達成は？
> 経常利益が大幅黒字 → 恐らく他人資本のコスト○、株主資本のコストも○

◆P/L 上に、WACC の達成状況を明示する

　従来の P/L で株主資本（自己資本）分のコストが示されていないのは、おそらくP/L がデザインされた 20 世紀初頭には、会社の所有と経営の分離が進行途上であり、オーナー経営者が多かったことが一因なのかもしれません。オーナー経営者にとっては、他人資本のコストが達成されたかどうか（例えば銀行への金利の支払いが滞りなかったかどうか）までが絶対必達の関心事であり、自己資本分のコストは、自分自身の経営活動の帰結としてそのまま受け入れざるを得ないものだったからです。しかし所有と経営の分離が進んだ今日では、株主資本に対するリターンが期待通りに達成されたかどうかは、実質的に経営外部の株主にとって最重要の関心事であるはずです。ですから WACC 全体の達成状況が P/L にしっかり表現されなければなりません。これも DX で目指すべきことの 1 つです。

従来の P/L

売上高
－売上原価
＝売上総利益

－販売費および一般管理費
＝営業利益

－営業外費用 …他人資本のコスト ⎫ 両方で WACC
＝経常利益 …自己資本のコスト ⎭

あるべき P/L

売上高
－コスト
＝付加価値

－ヒトの固定費
－モノの固定費
－カネの固定費（WACC）
＝キャッシュフロー

従来の P/L では、WACC の達成状況がわからなかった

No.112 | 付加価値〜利益〜配当〜キャッシュフロー

◆利益とキャッシュフローの関係

　誤解が多いので、付加価値〜利益〜配当〜キャッシュフローの関係を整理しておきましょう。そうしなければ DX（お金の流れの変革）に取り組みようがないからです。まず、会社は事業活動を行って付加価値を稼ぎます。稼いだ付加価値は、さまざまな経営資源に順次分配されていきます。経営資源として代表的なものは、ヒト（従業員）、モノ（設備投資）、カネ（銀行）、カネ（株主）です。このうち株主に分配されたものだけを利益（株主利益）と呼びます。株主利益から配当額を引いた残りがキャッシュフローです。なお、ここでいうキャッシュフローとは、株主から継続運用を託されたお金のことです。（最終的には、お金の借り入れ／返済も含めます。）

　このように利益の一部は配当され、残りは継続運用（内部留保）されますが、配当されても／内部留保されてもそれが等しく株主のものであることに変わりはありません※。一方、株主がリスクを負って株式を取得した時に期待した最低限のリターンがあり、それが株主資本のコストとなります。株主資本分のコスト（株主期待）と他人資本分のコスト（銀行利子）から計算されるのが資本コスト（WACC）です。

（※）利益が内部留保された場合、理論上はその分株価が上昇します。従って株主はキャピタルゲインという形で配当と同様のリターンを手にすることができます。つまり配当しなくても会社は資金運用責任を免れないということです。日本中の会社が内部留保がタダだと誤解してお金を寝かせれば、資本主義社会は崩壊します。

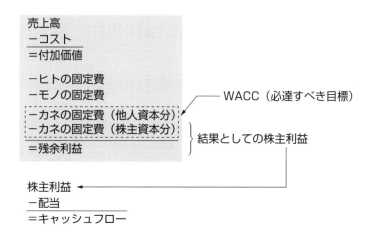

利益とキャッシュフローの関係

No.113 加重平均資本コスト（WACC）の計算

◆WACC の計算

所有と経営の分離が進んだ今日、株式会社の資金調達には2つの方法があります。

<**他人資本としての調達**>…銀行からの借入金
- ✔市井の誰かの預金や債券投資が起源のお金
- ✔返済期限は確定、利子も確定
- ✔相対的にローリスク、ローリターン（会社から見れば、低コスト）

<**株主資本としての調達**>…株主からの払込金＋内部留保
- ✔市井の誰かの株式投資
- ✔返済期限はなく、リターンも未確定
- ✔相対的にハイリスク、ハイリターン（会社から見れば、高コスト）

しかし社内では、他人資本として調達されたお金と株主資本として調達されたお金は見わけがつきません。そこで両者のコストを加重平均したものを管理目標とします。これが加重平均資本コスト（WACC／ワック）と呼ばれるものです。仮に固定負債の金額20億円（コストは6％）、株主資本の金額40億円（コストは10％）だった場合、WACC は 8.66％と求まります。ただし管理目標としての WACC は、最終的には経営判断を踏まえて決めますので、数字を切り上げ10％等とするのが通例です。詳細は財務部門の方がご存じのはずです。コミュニケーションツールで情報共有をしっかり進めてください。（レガシーな経営管理では、管理職ですら自社の経営目標（WACC）を知らされていませんでした！）

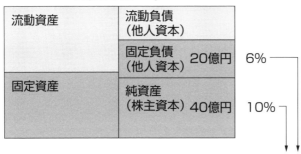

バランスシート

流動資産	流動負債 （他人資本）	
	固定負債 （他人資本） 20億円	6%
固定資産	純資産 （株主資本） 40億円	10%

$$\frac{（20億円×6\%）+（40億円×10\%）}{（20億円+40億円）}=8.66\%$$

WACC の計算例

No.114	割引計算の意味の確認

◆株式会社は資金運用責任を負っている！

　設備投資計画（もちろん IT 投資も含まれます！）の評価には、しばしば割引計算というものが出てきます。その意味を確認しておきましょう。会社が WACC10 ％を目標として事業資金の管理を行っている場合、あるプロジェクト（実施期間 3 年と仮定）の初年度に投資された 1000 万円は、3 年後に 1331 万円に増えていなければなりません。

　逆に、実施期間（例えば 3 年）の最終年度に 1300 万円の回収が見込まれるプロジェクトがある場合、この会社（WACC10 ％とする）が初年度に投入してよい事業資金の上限は 976.7 万円となります。これがお金を割り引くことの意味です。割引計算は資金提供者にとっては資金の「運用機会」を示しますが、株式会社にとっては「運用責任」を示しているのです。

割引計算は、資金運用責任を示す計算

No.115	正味現在価値法の確認

◆正味現在価値がプラスのプロジェクト

　WACC10％の会社に、3年後の資金回収見込み額が1300万円のプロジェクトがあった時、このプロジェクトに投入しても良い金額の上限は976.7万円でした。これをこのプロジェクトの現在価値と呼びます。仮にこのプロジェクトを900万円の資金だけで実行できる場合、会社には76.7万円のキャッシュが残ることになります。この時、プロジェクトの正味現在価値が76.7万円だと表現します。手元にキャッシュが残るのでプロジェクトを実行すべきと判断されることになります。

◆正味現在価値がマイナスのプロジェクト

　仮に、先ほどのプロジェクトの実行に1000万円要すると判明した時、このプロジェクトの実施によって会社のキャッシュは23.3万円持ち出しになります。この場合、このプロジェクトの正味現在価値はマイナス23.3万円であると表現します。手元のキャッシュが減ってしまうので、このプロジェクトは実施すべきでないと判断されます。

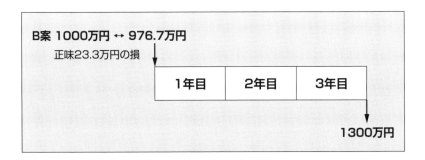

正味現在価値がプラスなら GO、マイナスなら NG

No.116 | IRR 法の確認

◆プロジェクトが担える最大の WACC を求める

プロジェクト A は、設備投資 900 万円、3 年後の資金回収見込み額が 1300 万円の設備投資プロジェクトです。会社の WACC は 10 ％なので、回収見込み額の現在価値は 976.7 万円、プロジェクトの正味現在価値は 76.7 万円です。

このプロジェクトの正味現在価値はプラス 76.7 万円ですから、もう少し高い WACC でも担えそうです。試行錯誤的に WACC を 10 ％、11 ％、12 ％と上げていき同様の計算を行うと、WACC13 ％で正味現在価値がほぼゼロになりました。この 13 ％が、プロジェクト A の内部収益率（IRR）と呼ばれるものです。

WACC	現在価値	投資金額	正味現在価値
10 ％	976.7 万円	900 万円	76.7 万円
11 ％	950.5 万円	900 万円	50.5 万円
12 ％	925.3 万円	900 万円	25.3 万円
13 ％	900.0 万円	900 万円	0　万円
14 ％	877.5 万円	900 万円	▲ 22.5 万円

正味現在価値による判断をする場合、正味現在価値がプラスなら GO、マイナスなら NG と判断されます。内部収益率法（IRR 法）の場合は、計算された IRR が会社で達成目標としている WACC（この事例では 10 ％）を超えていれば GO、下回っていれば NG と判断されます（プロジェクト A の IRR は 13 ％であり、WACC10 ％を上回ったので GO です）。ここでは IRR を試行錯誤的に求めましたが、一般的な表計算ソフトには IRR 関数が入っていますので、計算はとても簡単です。

No.117 正味現在価値法 vs IRR 法

◆正味現在価値法と IRR 法の比較

　正味現在価値法では、正味現在価値がプラスになるか、マイナスになるかを見ました。プラスになるなら WACC を賄えるので GO、マイナスになるなら WACC を賄えないので NG です。複数の案がある時は、正味現在価値が最も大きいプロジェクトを選ぶべきだと言われます。しかし、もし複数案の正味現在価値が全て同じだった場合には、どのプロジェクトが最も有利なのかを判断することができません。

WACC10 %	事業期間	投資金額	正味現在価値	判断
C 案	5 年	1000 万円	400 万円	GO
D 案	5 年	2000 万円	400 万円	GO
E 案	3 年	2000 万円	400 万円	GO
F 案	4 年	1200 万円	400 万円	GO

　内部収益率法（IRR 法）では、内部収益率が経営目標の WACC を超えられるか／超えられないかを見ます。超えられるなら GO、超えられないなら NG です。複数の案がある時は、IRR が最も大きいプロジェクトを選びます。

	事業期間	投資金額	内収益率	判断
C 案	5 年	1000 万円	18.4 %	2 位
D 案	5 年	2000 万円	11.9 %	4 位
E 案	3 年	2000 万円	15.3 %	3 位
F 案	4 年	1200 万円	18.6 %	1 位

　IRR 法が優れているのは、経営目標としている WACC に対して、どれくらい余裕があるかを判断できるところです。例えば経営目標の WACC が 10 ％だった場合、計画される IRR は 10 ％を相当上回っていなければなりません。なぜなら、どんなプロジェクトにも必ず実行リスクがあるからです。IRR10 ％で計画したら、まず間違いなく WACC10 ％は達成できません。正味現在価値法ではこのような判断ができないのです。

実行リスクが織り込めるのは IRR 法だけ

No.118　IRR 法、代替案がなかったら株主に還元する

◆十分に IRR が高い代替案がない場合にやるべきこと

　仮に IRR が高いプロジェクトを選んだ結果として（例えば F 案）、他に優良な代替案が見いだせなければ、手元の事業資金の一部（例えば 800 万円）が遊んでしまうことがあります。そんな時には、その資金は継続運用（すなわち内部留保）を停止して配当や株式償還で株主に還元しなければなりません。そうしなければ事業資金全体の IRR が下がってしまうからです。IRR が下がり WACC が達成されなければ、株価が暴落して敵対的買収の餌食となり、会社が消滅するというのが資本主義の根本的な掟です。

	事業期間	投資金額	内収益率	
F 案	4 年	1200 万円	18.6 %	全体で12.0 %
寝かす	4 年	800 万円	0 %	

　従来、①IRR 法が広く使われなかった理由、②割引計算の意味が理解されなかった理由、③多くの会社で幹部社員ですら自社の WACC を知らされていなかった理由、④P/L に WACC の達成状況が表現されない理由、⑤優良会社と言われる会社の流動比率が高すぎる理由、⑥株価が低迷する理由、⑦年金制度が崩壊しつつある理由は、全て株主資本（自己資本）がタダという思い込みに発するものです。これは株主を忘れた経営であり、資本主義の根幹にかかわる深刻な誤解です。WACC を社内で周知し、その必達を目指すことは、個々の会社の競争力のみならず日本経済全体の競争力回復のために、どうしても DX でトランスフォーメーションしなければならないことです。

お金が寝てるのが、良いB/S？

＜レガシーB/S という問題＞

通常、財務指標で「良いこと」だとされる

①高い自己資本比率（＞50 %）
②高い流動比率（＞150〜200 %）

により、高コストの事業資金が多額に寝かされてしまっています。実はそこにも
「自己資本＝タダ」
という根強い誤解がありました。お金が寝ているというのは工場在庫ではなく当座資産の方なのです。どうやら P/L だけではなく B/S も激しくレガシー化しているようです。

No.119 設備投資のトランスフォーメーション

◆多くのレガシーを作り出してきた意思決定

とても残念なことですが、従来、国内で行われてきた設備投資（IT 投資や、業務改善のための投資を含む）の意思決定は以下のようなものだったと言われます。

- ✔勘と気合法
- ✔横並び法
- ✔回収期間法
- ✔プレゼン良ければ、まあいいか法
  （最近 DX 関連で流行っている方法。勘と気合法の亜流とも言われる）

この中では回収期間法が最善なのは言うまでもありません。回収期間法は、あるプロジェクトに投下したキャッシュを、回収したキャッシュが上回るまでの期間の長さを見るもので、2〜3 年が目安にされるようです。一種の簡便法として回収期間が使われることはありますが、その結果として株主に対する資金運用責任（WACC）という概念がすっぽり抜け落ちてしまうなら問題です。現実に多くの会社で、管理職ですら自社の WACC を知らされず、WACC で割り引く意味すら理解されていない状況です。

◆設備投資で失敗したら、カイゼンでは挽回できない

国内でも稀に正味現在価値法が試みられるケースがあり一歩前進ではありますが、プロジェクトの実行リスクが織り込めません。それができるのは IRR 法だけなのです。「IRR 法の予想など当たらない」という見解もありますが、これは予想ではなく、「未来を、こうしていくのだ！」という経営意思の表明です（特に売上高）。売上高の目標が決まれば、変動費と固定費は一定精度で予想できるはずです。AI の力を借りることも可能です。この際、考慮漏れを防止するためのチェックリストとして IRR 法のテンプレート（No. 120 を参照）を活用してください。最後まで残る不確実性（売上高〜変動費〜固定費）は、目標とする IRR に反映させます。それができるのが IRR 法のメリットなのです。

- ✔設備投資を伴うカイゼン　WACC10%→目標IRR20%とする

- ✔自動化投資
- ✔スマートファクトリー　}　WACC10%→目標IRR30%とする
- ✔IoTやDX

- ✔研究開発プロジェクト　WACC10%→目標IRR40%とする

実行リスクの織り込み方の例

No.120 ｜ 自動化投資と DX 投資

◆設備投資プロジェクトにおける IRR 法のテンプレート

　設備投資プロジェクトを IRR 法で評価する際のテンプレートのひな型を示します。①には、想定される売上高やコスト（変動費）の増減、結果としての付加価値の増減を記載します。次に②設備投資額や設備処分の見込み額を記載します。さらに③固定労務費の増減を記載します。自動化投資ではコストが減少するものの、固定労務費（設備技術者など）は増加するケースが多いです。これらを踏まえ④キャッシュフローへの総合的なインパクトを求めます。キャッシュフローが求まったら表計算ソフトの IRR 関数などを使って IRR を求め、会社の WACC と比較します。IRR が WACC を大きく上回ったらプロジェクトは GO です。

	現在	1 年目	2 年目	3 年目
①売上高の増減		＊＊＊＊ 円	＊＊＊＊ 円	＊＊＊＊ 円
①コストの増減		－＊＊＊＊ 円	－＊＊＊＊ 円	－＊＊＊＊ 円
①付加価値の変化		＊＊＊＊ 円	＊＊＊＊ 円	＊＊＊＊ 円
②設備投資および設備処分	－＊＊＊＊ 円			＊＊＊＊ 円
③固定労務費の変化		－＊＊＊＊ 円	－＊＊＊＊ 円	－＊＊＊＊ 円
④キャッシュフローの変化		＊＊＊＊ 円	＊＊＊＊ 円	＊＊＊＊ 円

◆真の DX は、自動化とは正反対の活動かもしれない

　デジタル技術との関連で想定される設備投資のテーマといえば、自動化・IoT・スマートファクトリーなどでしょう。従来の経営改善では自動化が発想されやすかったようですが、自動化は現状の固定であり環境変化に脆弱になるケースも多いので要注意です。一方、DX（小さな業務改善や単なるデジタル機器の導入ではなく、本当のDX！）は変革であり、現状を大きく変えていくものです。その意味で真の DX は自動化とは正反対の活動だと言えます。

　会社の変革を目指す DX のリスクは予想困難ですが、可能性は無限大です。そもそも DX は 2025 年の崖から発した問題でした。環境変化に背を向け基幹システムの単純更新で済ませるのか？　真のトランスフォーメーションを目指すのか？　その評価は IRR 法すら超えており、最終的な成否はトップのビジョンと覚悟にかかっています。

単純更新：当面のリスクは小さいが、現状が半永久的に固定されてしまう
真の DX：あるべき姿をしっかり議論し、理想の会社を目指せる！

デジタル投資を成功させよう、IRR で！

DX for Manufacturing!!

| No.121 | キャッシュフロー管理のトランスフォーメーション |

◆キャッシュフローに基づいた設備投資計画

キャッシュフローの予測から IRR を求め実行可否の判断をする方法は、キャッシュフロー会計（会社の業績をキャッシュの増減で評価する）の考え方に近いものです。これはレガシー化した従来の原価計算や P/L への反省から生まれたものでした。

	現在	1年目	2年目	3年目
①キャッシュインの変化	＊＊＊＊ 円	＊＊＊＊ 円	＊＊＊＊ 円	＊＊＊＊ 円
②キャッシュアウトの変化	－＊＊＊＊ 円	－＊＊＊＊ 円	－＊＊＊＊ 円	－＊＊＊＊ 円
③キャッシュフローの変化	±＊＊＊＊ 円	±＊＊＊＊ 円	±＊＊＊＊ 円	±＊＊＊＊ 円

◆これもレガシーシステムの制約だった！

現在、開示用の財務諸表としてキャッシュフロー計算書（C/F）が作られていますが、レガシーシステムの機能上の制約があるために、まず古い P/L（レガシー P/L）を作成した上で、それを修正する形で C/F が作られています（間接法による C/F）。その結果、せっかくの C/F が台なしで、レガシー P/L 以上に使い勝手の悪いものになってしまいました（レガシー C/F）。

実は、ここまで概観してきた新しい P/L（変動費と固定費を分離した P/L）は、本来あるべきキャッシュフロー会計に近い形になっています。これにより、設備投資で計画した様々な WHAT が順調に実行されているかどうかの検証をアジャイルに行い、問題があればフレキシブルに行動修正できるのです。これが DX で目指すお金の流れの見える化の１つの帰結です。

IRRによる計画	P/Lで実行管理	P/L≒C/F
売上高	売上高	売上高
－コスト	－コスト	－コスト
＝付加価値	＝付加価値	＝付加価値
－固定労務費	－固定労務費	－固定労務費
－設備投資	－減価償却費	－設備投資
＝キャッシュフロー	＝キャッシュフロー	＝キャッシュフロー

三位一体の管理（IRR → 新しい P/L → C/F）

DX for Manufacturing!!

No.122 研究開発のトランスフォーメーション

◆様々なプロジェクトの実行管理

固定費の増減を伴うプロジェクトの計画や実行管理でも IRR 法が応用できます。例えば以下の研究開発プロジェクトでは WACC を上回る IRR が計画されています。

	現在	1年目	2年目	3年目	4年目
①売上高の増減			10億円	40億円	39億円
①コストの増減			−7億円	−28億円	−28億円
①付加価値の変化			3億円	12億円	11億円
②設備投資および設備処分	−1億円		−5億円		
③固定労務費の変化	−1億円	−1億円	−5億円	−3億円	−3億円
④キャッシュフローの変化	−2億円	−1億円	−7億円	9億円	8億円

※2年後に事業化し、新製品の販売を開始する計画である
※表計算ソフトを使い、このキャッシュフローから計算した IRR は 30 ％だった

研究開発は不確実性が高く先を見通すことが難しいプロジェクトですが、だからこそ先を見通す努力を続け、目標を意識した活動をしなければなりません。研究開発費の管理がザルだったら、会社を挙げてコスト管理（徹底的なコストダウン！）をやっている意味がなくなります。計画に対する結果をモニタリングし、異常が発見されたら迅速に活動を修正する仕組みを DX で作りましょう。また、研究開発の不確実性の高さを考慮し、プロジェクトが目標とする IRR はかなり高めに設定しておかなければなりません。

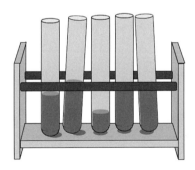

研究開発を成功させよう、DX で！

DX for Manufacturing!!

No.123 | IoT 契約のトランスフォーメーション

◆近年脚光を浴びる IoT 契約を管理する

　エアコンや洗濯機などを数年間にわたって貸し出し、IoT で使用時間をモニタリング、そのデータに基づいた使用料を受け取るといった IoT 契約が広がると言われます。この場合、通常の単年の P/L だけでは契約全体を見渡した収益性の判断が困難です。そこで、これを一種の固定資産投資と見なし、IRR によって管理することが考えられます。下記の表は、5 万円のエアコンを 3 年間貸し出す契約のキャッシュフローの見込みです。このキャッシュフローに基づいて IRR を計算すると、目標にしていた 20 ％（WACC より十分高い目標値）を下回ってしまう可能性があるとわかりました。

	現在	1 年目	2 年目	3 年目
①売上高の増減		21600 円	21600 円	21600 円
①コストの増減		0 円	0 円	0 円
①付加価値の変化		21600 円	21600 円	21600 円
②設備投資および設備処分	−50000 円			
④キャッシュフローの変化	−50000 円	21600 円	21600 円	21600 円

※使用料は 1 分あたり 0.15 円、一年に 144000 分（一年間の 27 ％）の使用を見込む
※表計算ソフトを使い、キャッシュフローから計算した IRR は 14 ％だった

　そこで契約を見直し、貸し出し時の即日納品サービスで収入を増やし、IRR の回復を目指しました。長期間の IoT 契約では、こうしたシミュレーションが必須になります。DX でシミュレーション・ツールを作りましょう。

	現在	1 年目	2 年目	3 年目
①売上高の増減	10000 円	21600 円	21600 円	21600 円
①コストの増減	−5000 円	0 円	0 円	0 円
①付加価値の変化	5000 円	21600 円	21600 円	21600 円
②設備投資および設備処分	−50000 円			
④キャッシュフローの変化	−45000 円	21600 円	21600 円	21600 円

※表計算ソフトを使い、キャッシュフローから計算した IRR は 21 ％だった

IoT 契約を成功させよう、DX で！

No.124 | DX でも、グレシャムの法則に注意

◆IT 投資による業務改善プロジェクトの見積もり

　本書では、業務改善だけを目指した DX を想定していませんが、仮に業務改善のためだけの IT 投資計画を評価する場合には、たとえば以下のような整理を行います。

> ✔IT 設備投資額は 580 万円、その時にかかる固定労務費は 400 万円である。
> ✔業務改善による毎年のコスト節減効果が 600 万円と見積もられている。
> ✔このプロジェクトをサポートするための固定労務費は 200 万円である。
> ✔3 年経った時点で、サポートを一旦終了し、プロジェクトを総括する。

　このプロジェクトによるキャッシュフローの変化は以下の通りです。会社が管理目標としている WACC が 10 ％だった場合、キャッシュフローの変化から計算した IRR は 11 ％となり、WACC を辛うじて上回っていますが（従って正味現在価値もプラスになる）、WACC ギリギリのプロジェクトの実施については、慎重な判断が必要です。

　お金の流れを見ないトランスフォーメーションはありえないのです。

	現在	1 年目	2 年目	3 年目
①売上高の増減				
①コストの増減		600 万円	600 万円	600 万円
①付加価値の変化		600 万円	600 万円	600 万円
②設備投資および設備処分	−580 万円			
③固定労務費の変化	−400 万円	−200 万円	−200 万円	−200 万円
④キャッシュフローの変化	−980 万円	400 万円	400 万円	400 万円

◆本当に大切なことを後回しにしない

　このプロジェクトの計画上の IRR（11 ％）は、辛うじて会社の WACC（10 ％）を超えています。これだけで機械的に判断するならプロジェクトは GO です。しかし、この些細な（？）業務改善プロジェクトの実施によって、関係者の時間が奪われ、真のトランスフォーメーションが後回しにされるなら危険です（計画のグレシャムの法則）。会社はどんどん体力を失っていくでしょう。デジタルファーストというスローガンや業務改善だけの DX が、真に必要な経営革新の DX を先送りにする口実にならないよう、くれぐれも注意してください。

些細な DX は、真に必要な DX を駆逐する

DX for Manufacturing!!

// Summary and conclusion! //

恐竜の道

- ✔ 株式会社の使命を理解しない DX
- ✔ 勘と気合の設備投資を変えられない DX
- ✔ 基幹システムの単純更新だけで終わる DX
- ✔ 昨日までの延長でしか明日を発想できない DX

哺乳類の道

- ✔ 株式会社の使命達成を目指す DX
- ✔ IRR 法に積極的にチャレンジする DX
- ✔ システム更新を、理想実現のチャンスに変える DX
- ✔ 新しい成長を柔軟に発想できる DX

推進 STEP.9
そして脱予算！ 意思決定を変える

Always, Be Flexible!

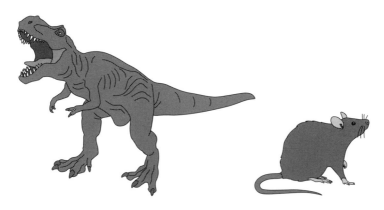

Dinosaur's way ⬅ ➡ Mammal's way

No.125 | ここから、トランスフォーメーションの核心へ

◆いよいよ DX を形にする

　会社のトランスフォーメーションとはお金の流れの変化です。お金の流れが変わらなければ、それは単なるオペレーショナルインプルーブメントにすぎません。DX/Mでは、まず 2 つの外部インターフェース（売上高と変動費）にかかわるお金の流れをリアルタイム化しました。この段階がデジタイゼーションでした。次にヒト・モノ・カネなどの経営資源の構築に関わるお金の流れの月次プロセスをフレキシブル化しました。この段階がデジタライゼーションでした。リアルタイム系のサブシステムのデータが、月次系のコアシステムに投入され、様々な経営判断を支えていくことになります。その軸になる予算策定と決算のトランスフォーメーションに、これから進むことにしましょう。

◆作業は自動化し、人は判断業務に専念する

　一般に決算は、①会計的な処理、②部門間の調整、③経営的な判断が入り混じった複雑なプロセスでした。このうち会計的な処理については DX で最大限の自動化を目指します。対象となるのは経過勘定の処理や減価償却などです。引当金の設定など見積もり要素の強い会計処理は AI の支援を受けることができます。さらに変動費（ファクト）と固定費（アジャストメント）が混じり合ってしまうことを避けるため、原価計算における固定費配賦を止めます。不合理な配賦を止めることが会計処理の自動化・簡素化の大前提です。その結果として経理関係者は膨大で生産性の低い作業から解放され、経営者は高度な意思決定に専念できるようになります。

変動費的な作業	リアルタイムで処理が終わっているべきもの		
固定費的な作業	経過勘定	→	自動化する
	減価償却	→	自動化する
	見積もり	→	AI 化する
	部門間の配賦調整	→	固定費配賦をやめる

人は判断に専念

DX 後の決算のイメージ

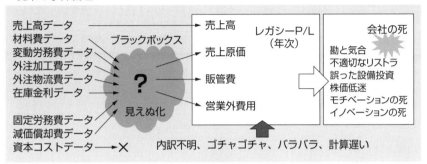

脱・年次予算

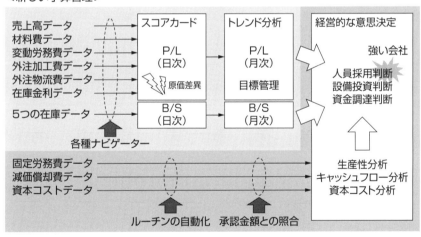

従来の年次予算では環境変化に対応できません。変動費と固定費を分離し会計処理を
AIで自動化、経営サイクルも月次化すれば、経営陣は高度な意思決定に専念できま
す。

No.126 年次予算→年次決算という、壮大なバッチ処理

◆会社のトランスフォーメーションを阻むもの

　DX の重要なキーワードの１つはリアルタイムでした。情報処理をリアルタイム化しなければ時々刻々と変化する状況に対応できず、事業が生き残れないというのは、広く共有された問題意識でしょう。しかし、このリアルタイム化の障害は、必ずしも老朽化した基幹システムだけだったわけではありません。原価計算のロジックや意思決定のあり方、とりわけ従来の年次予算という経営的意思決定の仕組みそのものが、リアルタイム化の最大の障害だったのです。この年次予算の仕組みを見直すことこそ、会社の抜本的なトランスフォーメーションを本質的に成功させる道です。会社の全ての関係者が未来への危機感を共有し、変化を実感することになるでしょう。

◆理想は、シンプルにファクトを積み上げるだけ

　会社のトランスフォーメーションを成功させるには、予算管理のサイクルを年次から月次に変更する必要があります。それは決して、いわゆる「年次予算」や「年次決算」を毎月やるという意味ではありません。決算手続のムダを廃し、AI の力を借りた新しい決算手続を創り出すということです。特に固定費の配賦計算は超バッチ処理でリアルタイム化の障害になってきただけではなく、すでに会計的な意味すら失っています。固定費配賦を止め、シンプルにファクトを積み上げた歪みない数字を明らかにし、的確な経営判断ができるようにしましょう。ファクトに基づいた処理だけなら自動化できます。もしできないなら、そこには何らかの恣意的・属人的な操作が残っているからです。

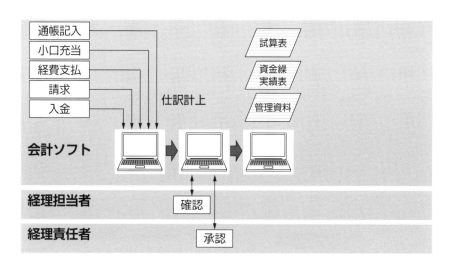

従来の月次決算のイメージ

No.127	全部原価計算よ、さらば

◆レガシーロジックの弊害

　従来の年次決算でファクトとアジャストメントが混じり合ってしまっていた原因は全部原価計算でした。この全部原価計算は 100 年も前にデザインされたものですが、あまりにも常識になっていて、会計的な手続きはどうしても全部原価計算的な発想に引きずられがちです。ですから脱予算（脱・年次予算）を目指す前に、全部原価計算がどのようにレガシー化しているのかを、ここで改めて再確認しておきましょう。

> ①売上原価に販売費や在庫金利が含まれず、サプライチェーンが分断されています。これでは活動全体を見渡した事業戦略が立てられません。
> ②変動費（コスト）が３ケ所に分散しているので、コスト管理の漏れが生じています。費用の逃げ回りの原因になります
>
> 　売上原価〜販管費〜営業外費用
>
> ③売上原価の内訳を示さないので、コストダウンに失敗します
> ④固定費が３ケ所に分散しているので、しばしば会計操作（故意・過誤）の原因になります
> ⑤固定費が３ケ所に分散しているので、全貌がつかめず生産性が管理できません
> ⑥変動費と固定費の混在で異常値が発見できず、費用が統制できません。
> ⑦変動費と固定費の混在で適切なシミュレーションができません。従って事業計画が立てられません
> ⑧固定費配賦には合理性がなく、配賦先の事業や製品の収益力を見誤ります
> ⑨固定費の配賦計算は複雑で時間がかかり、多くの会社で計算過程がブラックボックス化しています
> ⑩資本コストの達成状況に無関心であることは、株式会社としては致命的です

　本当に酷い状況です。どんなに最先端の IT 機器を導入しても、そこに乗せる原価計算のロジックがこんなレガシーのままでは、DX が成功しないことは明らかです！

固定資産　　在庫

販管費　　売上原価　　営業外費用

費用は社内を逃げ回る

DX for Manufacturing!!

レガシーロジックの情報の流れ

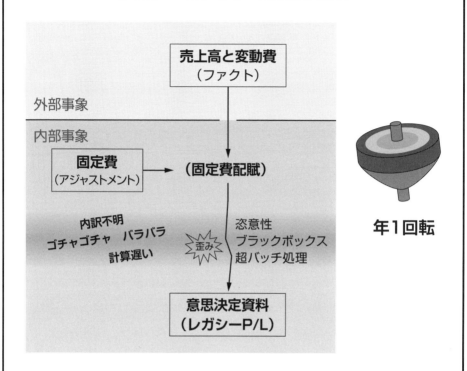

レガシーロジック（全部原価計算）は、変動費に固定費を配賦します。変動費は外部事象でありファクトですが、固定費は会社内部の意思決定や部門間でのアジャストメントに基づくものであり内部事象です。そのため固定費の配賦プロセスは恣意的でブラックボックス化しやすく、しかも計算が超バッチ処理です。結果として作成されるレガシーP/Lは、内訳不明、ゴチャゴチャ、バラバラで、手間がかかり、計算も遅く、経営判断に必要な情報を読み取れません。

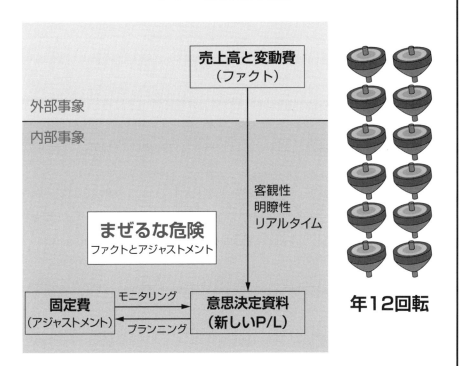

あるべき情報の流れ

売上高と変動費
（ファクト）

外部事象

内部事象

客観性
明瞭性
リアルタイム

まぜるな危険
ファクトとアジャストメント

固定費
（アジャストメント）

モニタリング

プランニング

意思決定資料
（新しいP/L）

年12回転

　DXが目指すべき情報の流れは、外部事象（ファクト）である変動費と、内部事象（アジャストメント）である固定費をしっかり分離したものであるべきです。結果的にそれはシンプルです。客観性・明瞭性・リアルタイム性を具備したデータで作られる新しいP/Lに基づき、ヒト・モノ・カネといった経営資源（固定費）のアジャストメント（取得・強化・処分に関する意思決定）をフレキシブルに行います。その目標は、経営資源の生産性を高め、最強の会社を作ることです。

No.128　予算管理のトランスフォーメーション！　脱・年次予算

◆月次でやるべきこと…良いことはすぐ実行！　次年度まで待つ理由はない

　会計処理の自動化を前提に、アジャイルでフレキシブルな経営管理を目指す時、DX で実現すべき月次処理の流れは、概ね以下のような姿になると想定されます。

①日次で把握された付加価値を集計します。結果は、前月に立てた目標／前月実績／前年同月の実績／業界トレンドなどと比較・分析し、次月の目標に反映させます。
　　↓ GO NEXT
②来月の活動目標を設定します。売上高や標準原価、付加価値の目標修正は日次（リアルタイム）で都度に行いますが、大局的トレンドの判断を月次で併せて行います。
　　↓ GO NEXT
③月次の固定費の支払い等を済ませたら、金額的な逸脱の有無（予算差異）をチェックします。重要な固定費（特に、ヒト・モノ・カネといった経営資源に関わる固定費）は、予め経営者の承認を経て計画通りに執行されているはずですから、月次では承認額から大きく逸脱していなかったことを手早く確かめることになります。
　　↓ GO NEXT
④固定的な経費（固定的な契約など）について、延長する／しないの判断をします。
　　↓ GO NEXT
⑤ヒトの生産性を測定します（基本式は付加価値÷固定労務費など）。生産性に異常があれば（良い／悪い）原因を調べ、支援し、長期的な育成計画にも反映させます。
　　↓ GO NEXT
⑥各自の昇給・昇格の判断や、来月の事業目標を踏まえた人員増減の判断をします。
　　↓ GO NEXT
⑦「付加価値−(固定的経費＋固定的労務費)」を計算し、いったんキャッシュフローの状況を確認します。この状況判断が、設備投資の実行判断をする前提となります。
　　↓ GO NEXT
⑧資本コスト（WACC）が達成できていることを確認します。この時、いわゆる利益だけでは経営責任を適切に果たしたことにならないので注意しましょう。
　　↓ GO NEXT
⑨資金調達や各種プロジェクト（設備投資や研究開発など）の立上／続行／中断に関する判断をします。これらの判断は、内部収益率法（IRR 法）に基づいて行います。
　　↓ GO NEXT
⑩利益処分の意思決定をします。社内に余剰資金があり適切なプロジェクトが無い場合、配当等で資金を株主に還元し、IRR を下げないようにしなければなりません。

　こうしてヒト・モノ・カネといった経営資源がフレキシブルに強化され、強い会社ができあがっていきます。

No.129 | 月次の作業と、新しい P/L の対応

月次でやるべきことと、新しい P/L の対応関係は、概ね以下の通りです。

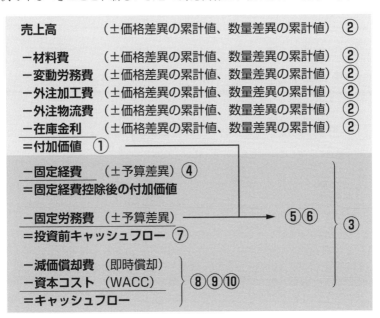

売上高	（±価格差異の累計値、数量差異の累計値）	②
－材料費	（±価格差異の累計値、数量差異の累計値）	②
－変動労務費	（±価格差異の累計値、数量差異の累計値）	②
－外注加工費	（±価格差異の累計値、数量差異の累計値）	②
－外注物流費	（±価格差異の累計値、数量差異の累計値）	②
－在庫金利	（±価格差異の累計値、数量差異の累計値）	②
＝付加価値 ①		
－固定経費	（±予算差異） ④	
＝固定経費控除後の付加価値		
－固定労務費	（±予算差異）	⑤⑥
＝投資前キャッシュフロー ⑦		③
－減価償却費	（即時償却）	
－資本コスト	（WACC）	⑧⑨⑩
＝キャッシュフロー		

➡①付加価値の実績集計
➡②来月の事業目標を確認
➡③固定費の逸脱チェック
➡④固定的契約の延長判断
➡⑤生産性の測定、支援の実施
➡⑥昇給昇格の判断、人員増減の判断
➡⑦キャッシュフローの確認
➡⑧資本コストの達成状況確認
➡⑨設備投資や資金調達の意思決定
➡⑩利益処分案の決定

Be Agile!
Be Flexible!

強い会社

No.130 ①②／一か月の付加価値を点検し、目標を確認する

◆月次でやるべきこと

　DX のデジタイゼーションで売上高の目標修正と標準原価の修正を日次化しました（リアルタイム）。しかし日次では見失いがちな大局のトレンド判断は月次で行いましょう。当月実績と前月実績／前年同月の実績／前月に立てた目標／業界トレンド等を比較し、来月の売上高・コスト・付加価値の目標を設定します。この時、AI 等を駆使して向こう１年間の見込を立てることは有用ですが、それは年次予算という意味ではありません。

◆月次で、計画や目標をフレキシブルに修正していく

　変化の激しい時代です（経済的、国際政治的、自然環境的に）。明日何が起こるかわかりません。１年先のことなど予想できません。例えば 2020 年の春、せっかく膨大な労力を費やして立てた詳細な年次予算をリリースした矢先、４月７日の緊急事態宣言で全て台無しになってしまったという経験をした会社は多いのではないでしょうか？

　もちろん長期的な視点で行う事業目標、達成すべき理念、人材育成、研究開発、ビジネスモデルのスクラップ＆ビルドなどは必要です。しかしそれは４月起点の年次予算とは異次元です。できるはずもない予想をし、膨大な手間で数字をはめ込み、その挙句に壮大な失敗をするよりは、こまめな計画をフレキシブルに修正していく方が精度は上がります。甘めな目標を立て、期中で達成して手が止まることも回避できます。

➡①付加価値の実績集計
➡②来月の事業目標を確認
　③固定費の逸脱チェック
　④固定的契約の延長判断
　⑤生産性の測定、支援の実施
　⑥昇給昇格の判断、人員増減の判断
　⑦キャッシュフローの確認
　⑧資本コストの達成状況確認
　⑨設備投資や資金調達の意思決定
　⑩利益処分案の決定

Be Agile!
Be Flexible!

年次予算から月次予算に切り替えて、速度と精度を上げる

DX for Manufacturing!!

No.131 ｜ ③④／固定費管理の基本、決められた金額の確認

◆月次でやるべきこと

　金額管理という意味でなら、本来の固定費管理は、超簡単なはずです。なぜなら重要な固定費は、発生時に必ず経営者や上位の管理者の承認を経ているはずだからです（人材の採用、固定資産の取得、経費を伴う重要な契約の締結など）。従って、固定費の金額管理にかかわる作業の大半は DX で自動化が可能なはずのものです。

①承認された固定費一覧を自動で出力する
②支払い（あるいは発生額）の実績を自動で出力する
③両者を突き合わせる
④重大な差異があったらアラームを出し、原因を調査して是正する
以上！

　減価償却は、即時償却を原則としキャッシュフローと整合させましょう。これで恣意性を排除し処理を自動化できます。貸倒引当金の引き当ては AI を使ったナビゲーターの出番です。固定的な契約の延長判断も、判断指標があればナビゲーターに組み込めます。処理をできる限り自動化し、ヒトが判断に専念できるようにすることが DX のポイントです。従来の固定費管理を難しくしていた固定費の配賦計算は止めましょう。そもそも変動費（リアルタイム管理すべきもの）と固定費（月次管理すべきもの）を配賦で混ぜるべきではありません。両者をわければ決算は著しくシンプルになります。

①付加価値の実績集計
②来月の事業目標を確認
➡③固定費の逸脱チェック
➡④固定的契約の延長判断
⑤生産性の測定、支援の実施
⑥昇給昇格の判断、人員増減の判断
⑦キャッシュフローの確認
⑧資本コストの達成状況確認
⑨設備投資や資金調達の意思決定
⑩利益処分案の決定

Be Agile!
Be Flexible!

不合理な見積もりを止め、AI を駆使した判断に専念する

No.132　出張を禁止する理由はない

◆月次でやるべきこと

　従来、変動費と固定費の区別は曖昧でした。直接費＝変動費、間接費＝固定費と認識されているケースも多いようですが、これは誤解です。たとえば多くの工場で、電気代は間接費でありながら変動費でもあります。直接費／間接費という区分と、変動費／固定費という区分は、全く別のものだと考えた方がよいでしょう。

　ある費用が変動費なのか固定費なのかを判断する時、少々厄介なのが販売費に属する費用です。販売費は個別の製品の生産活動とは紐づかないという意味で間接費であり、結果的に全て固定費であるという前提で管理されているケースが多々あります。例えばある会社では、出張旅費の予算が秋ごろに使い果たされて年末に出張禁止令が出るといった事例がありました。しかし、もしこの出張費の変動費としての性格が強く、費用をかければかけるほど売り上げが伸びるという状況にあるとすれば、出張禁止は誤った指示だったと言えます。

◆AI の本領が発揮できる場面

　ある販売費が変動費的なのか／固定費的なのかの分析は、最小自乗法で行うことができます。DX の展開後は AI が本領発揮する場面のひとつになるでしょう。出張費（あるいは新製品発表会といった費用など）のデータを AI にかけてシミュレーションすれば、年末に出張を禁止すべきなのか否かが、ロジカルに判断できるはずです。

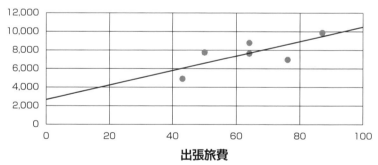

AI で固変分解する

No.133 ⑤⑥／昇進・昇給を春まで待つ理由があるか？

◆月次でやるべきこと

　月次のヒトの管理は、まず生産性を測定して当月の評価を決めた上で、来月の目標を設定します。設定される目標は数値目標だけとは限りません。目標設定したらコミュニケーションツールを使いチーム内で共有しましょう。そうでなければ組織の活動がバラバラになってしまうからです。会社、自部門、上司、同僚、後輩は何を達成しようとしているのか？　他部門は何を目指して頑張っているのか？　支援・相談ができることはないか？　顕著な貢献があったら、昇進・昇格を春まで待つ必要はありません。良い人材がいるなら、１日も早くもっと大きなミッションを担ってもらいましょう。

◆生産性の測定から全てがはじまる

　労務費はコストと混同されコストダウンの対象にされがちです。しかし変動費（コスト）と固定費（資源）は管理目標が正反対です。固定労務費に求められるのは生産性の向上ですから生産性を明確にしなければなりません。生産性の測定は勇気が要ることですが、ダイエットの体重と同様、測らなければ何も始まりません。努力の方向が間違っていても修正されず、支援も受けられません。それに、毎日の行動を監視されるより、成果としての生産性を評価される方が実は人間的なのです。本当に惨めなのは、日々縛られて頑張るチャンスすら与えられず、恣意的な評価をされることです。

①付加価値の実績集計
②来月の事業目標を確認
③固定費の逸脱チェック
④固定的契約の延長判断
➡⑤生産性の測定、支援の実施
➡⑥昇給昇格の判断、人員増減の判断
⑦キャッシュフローの確認
⑧資本コストの達成状況確認
⑨設備投資や資金調達の意思決定
⑩利益処分案の決定

Be Agile!
Be Flexible!

良い人材の登用を、次年度まで待つ理由はない

DX for Manufacturing!!

No.134 | イノベーションを担う人材を育てる

◆何かを任せることでヒトは育つ

単純な作業の繰り返しは自動機やロボットや AI で代替できる時代になりました。それでも無人の会社があり得るでしょうか？　仮にロボットと AI だけが並んだ無人の会社があった場合、投資してみたいと思うでしょうか？　否！　やはり、無人の会社などあり得ません。それは、イノベーションを起こせるのがヒトだけだからです。新しい製品やサービスや技術の開発、新しい業務のやり方、新しい原価計算、新しい人と人の繋がりなどなど。イノベーションこそ、これからヒトがやるべきことの核心であり、人が存在することの価値なのです。

とはいえ、イノベーションは強制できるものではありません。監視もパワハラもイノベーションを生みません。自主的に動ける人材が育成できるかどうかがイノベーションのカギなのです。ところが、人材育成という視点で見た場合、従来の多くの国内製造業で2つの間違ったマネージメントが行われてきました。

第一の間違い：　どんどん取り上げるだけで、何も任せようとしなかったこと
第二の間違い：　生産性を測定せず、ほったらかしにしてきたこと

ヒトはロボットではなく、コストでもありません。いつまでも古いセオリーで縛り付け、「徹底的なムダ取り」と称してなんでも取り上げるだけでは人材は育たないのです。まずは人を信じて小さな時間や予算を任せ、新しい発想に耳を傾けましょう。生産性の変化を測定しつつ必要なら支援をし、生産性が向上していたらさらに大きな何かを任せてみましょう。その繰り返しの中でこそ人材は育ちます。

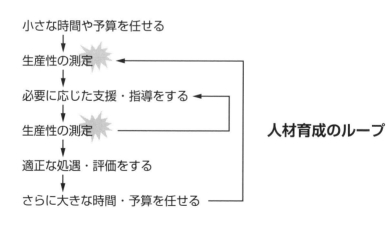

No.135 ⑦⑧／資本コストの達成状況を確認する

◆月次でやるべきこと

　稼いだ付加価値を集計し、固定的な経費と固定的な労務費の処理を済ませたら、次は資本コストの達成状況を確認しなければなりません。会社の事業資金は、他人資本（銀行からの借入金）と、株主資本（株主からの払い込み）で構成され、その両方からコストが発生しています。一般に、元本の返済期限と利子が確定されている他人資本は相対的に低コストであるのに対し、元本の返済期限が無く利子も確約されない株主資本は相対的に高コストです。そしてその両者を加重平均した資本コスト（WACC）全体の達成こそが、株式会社の最も根本的な使命なのです[※]。

（※）従来、他人資本のコストは営業外費用に区分されており、株主資本のコストはP/Lに表現すらされていなかったため、WACCの重要性が見えませんでした。

◆利益ではなく、WACC の達成／未達成こそが会社の運命をわける

　WACC の達成が確認できたら、いったんキャッシュフローを計算し、設備投資の実施判断に進みます。キャッシュが足りなければ新たな資金調達が必要です。この時、WACC が達成できていなければ資金調達には大きな困難が伴うことになります。WACC が達成できない会社への出資は、お金をドブに捨てるに等しいからです。逆に WACC が達成できていれば、それは出資者に対し大いにアピールされるべきです。

①付加価値の実績集計
②来月の事業目標を確認
③固定費の逸脱チェック
④固定的契約の延長判断
⑤生産性の測定、支援の実施
⑥昇給昇格の判断、人員増減の判断
➡⑦キャッシュフローの確認
➡⑧資本コストの達成状況確認
⑨設備投資や資金調達の意思決定
⑩利益処分案の決定

Be Agile!
Be Flexible!

資本コストの達成が、株式会社の根本的使命

DX for Manufacturing!!

No.136	今までの損益分岐点は、間違っていた！

◆今まで放置されてきた理論と実践の乖離

損益分岐点という考え方は有名です。しかし不思議なことに、今までそれを実践できるP/Lは全く存在しませんでした。その1つの理由は変動費と固定費の混在です。全部原価計算は論外としても、いわゆる直接原価計算と言われるものでもダメなのです。（直接原価計算という名称ゆえに直接費と変動費の混同を起こしているため。）そこでどうしても新しいP/Lが必要になります。

従来の損益分岐点のもう一つの問題は、株主資本のコストが全く考慮されていなかったことです。株主資本（自己資本）は多くの書籍や経理サイトで「返済の必要のないタダのお金」と説明されています（自己資本比率の目標値についてのコメントなどで頻出する表現）。しかし株主資本は、本当は高コストな事業資金であり、他人資本のコストと合わせたWACC全体の達成こそが株式会社の根本的使命であることを忘れてはなりません。

<今必要なP/Lの形>
売上高
－材料費
－変動労務費
－外注加工費
－外注物流費
－在庫金利
＝付加価値
－固定労務費
－減価償却費
－資本コスト(WACC)
＝キャッシュフロー

①変動費と固定費が、しっかり分離されている
②WACCの達成状況が明確に表現されている

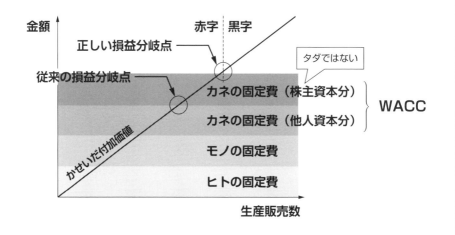

間違った損益分岐点、ここにもレガシーが…

No.137 ⑨⑩／成長と撤退を、迅速に判断する

◆月次でやるべきこと

　各設備投資プロジェクトについても、月次で立上／続行／中止を判断します。年次の判断では社会環境の変化に追いつけません。新たに立ち上げる計画は、あらかじめ

プロジェクトの申請→内容チェック→ IRR の確認→必要な修正

を完了しておく必要があります。何度も何度も計画を練り直さなければならないケースも想定され、月末では間に合わないからです。プロジェクトで計画される IRR は、社内で管理目標としている WACC を大きく上回るものでなければなりません。どんなプロジェクトにも必ず実行リスクがあり、WACC ピッタリで計画されたプロジェクトの IRR は、確実に WACC を下回ってしまうであろうからです。最終的な GO／NG は、ファクト側の付加価値の状況や資金調達計画を踏まえたキャッシュフローを考慮し判断します。

◆代替案がないなら、余剰資金は株主に還元する

　最後に月次で利益処分案の決定をします。社内に余剰資金があって、適切なプロジェクト案がない場合には、株主資本の継続運用を停止し、配当等で資金を株主に還元し、お金を寝かさないようにしなければなりません。そうしなければ事業活動の IRR が WACC を下回り、株主の期待が達成されず、株価を下げてしまうからです。

①付加価値の実績集計
②来月の事業目標を確認
③固定費の逸脱チェック
④固定的契約の延長判断
⑤生産性の測定、支援の実施
⑥昇給昇格の判断、人員増減の判断
⑦キャッシュフローの確認
⑧資本コストの達成状況確認
➡⑨設備投資や資金調達の意思決定
➡⑩利益処分案の決定

Be Agile!
Be Flexible!

良いプロジェクトの実施を、次年度まで待つ理由はない

No.138 ｜ 設備投資計画も、柔軟に GO/NG を判断

◆会社は「3月工事」をやるべきではない

　毎年、設備投資計画の策定には苦労させられます。明日、何が起こるかわからない状況下、向こう1年間に起こることを正しく予想し、正しい計画を立てるのは困難だからです。設備投資の計画と実行管理にはもっと柔軟性が必要なのです。時々刻々と変化する社会情勢やキャッシュフローを見極めながら、どの月からでもプロジェクトを立ち上げ／中止できるフレキシブルな体勢を作らなければなりません。

> ✔予算策定時に、1年間に必要となる設備投資（額）を正確に予想できるか？
> ✔執行時に、予算が足りなかったら／余ったらどうすればよいのか？
> ✔状況変化で、認められた予算が不要になってしまったらどうすればよいのか？
> ✔突発的な事象で、緊急の設備投資が必要になったらどうすればよいのか？
> ✔業績が期初の想定より著しく良かったら／悪かったら、どうすればよいのか？

◆減価償却を止め、即時償却を励行する

　もうひとつ、予算管理のトランスフォーメーションに必要なのは、減価償却の見直しです。償却方法の正しい選択や設備使用期間の合理的な見積もりは事実上不可能であり、減価償却はきわめて恣意的です。その結果、資産の簿価に実態がなくなり、会社の真の財政状態がわからなくなります。また、減価償却費は埋没原価という負の遺産の原因ともなります。こうした事態を回避する方法の一つが即時償却の励行です。

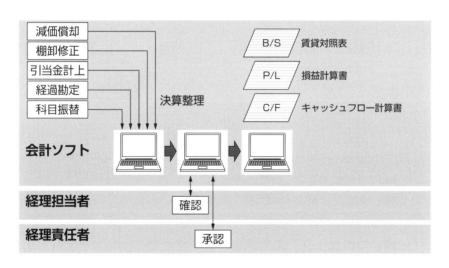

従来の年度決算のイメージ

No.139 「開示部」を作り、日々の経理財務活動とわける

◆経営に必要な内部管理のP/Lと、外部開示のP/Lを使いわける

現状、多くの会社で外部開示用のP/Lだけが作られているなら極めて深刻な事態です。外部開示用のP/Lは、飾られたP/Lであり、レガシーなP/Lです。それだけで適切な経営判断は不可能です。DXをやるなら内部管理用の率直なP/Lを作らなければなりません。そのポイントは以下の事項の見える化です。

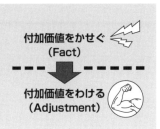

✔日々のオペレーションにどんな問題があるか？
✔事業目標は達成されそうなのか？
✔支援が必要なのはどの部門か？
✔（ヒト）人材育成は順調なのか？
✔（モノ）設備投資や研究開発は順調なのか？
✔（カネ）資本コスト（WACC）は達成されたのか？
✔ビジネスモデルがレガシー化していないか？

付加価値をかせぐ
(Fact)

付加価値をわける
(Adjustment)

◆開示部を作る

法定されたものである以上、外部開示用のP/Lは作り続けなければなりませんが、幸か不幸かその売上原価はたった一行なのですから（！）、DXできちんと基礎データを収集しておけば、ITを駆使し、簡単な作業で開示用のP/Lを作れるはずです。とはいえ、開示用のP/Lは、あくまでもよそ行きのP/Lであり、経営課題を赤裸々に示すためのものではありません。その意味で、経営管理の本流を担うものではありませんから、従来の経理財務部とは別に開示専門の担当部署を作り、IR活動としてきっちり分離すべきではないでしょうか。やっとこさっとこ作られる開示のためのP/Lの前に、事業活動の羅針盤となる本気のP/Lを作りましょう。

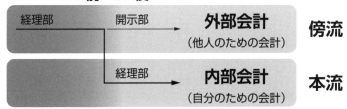

DX前　DX後

| 経理部 | 開示部 → | **外部会計**（他人のための会計） | **傍流** |

経理部 → **内部会計**（自分のための会計） **本流**

生き残るのに必要な会計はどっち？

| No.140 | 予算を変えれば、会社が変わる！ |

◆2つのP/Lを作るしかない！

　今日の外部開示用のP/Lは1962年に公表された原価計算基準に則って作られています。もちろん本来望ましいのは、2025年の崖に向かって原価計算基準が改訂され、ITのハードもソフトも、それに乗る計算ロジックも、予算管理の仕組みも、足並みをそろえて一斉に更新されることです。しかし事態は切迫しています。SAPの保守期限が切れるという意味でも、激変する事業環境に各社の経営管理が追いついてないという意味でも。ですから、いつになるか分からない原価計算基準の改訂など待っているわけには行きません。原価計算基準に則った外部開示用のP/Lと、経営課題を把握し内部で情報共有するためのP/Lを両方作りましょう。目的が違えばツールの形が違うのは当然であり、現在の高度なIT技術がそれを可能にしてくれるはずです。

（※）名前がないと不便なので、社内管理用のP/Lを「バリューフロー」と呼びます。

◆DXは、最後のチャンス

　そもそもDXのきかっけになったのは、2025年の崖問題（統合基幹システムの更新期限切れ）でした。今、統合基幹システムを更新するのであれば、同じくレガシー化している予算管理の仕組みや原価計算のロジックも同時に更新しなければ意味がありません。多額のIT投資によって計算ロジックや予算管理の仕組みを固定化してしまえば、それを変更するチャンスは二度とやってこないからです。

経営を変えよう、DXで！

No.141	迫るディープインパクト！　座して死を待つなかれ

◆この P/L では、絶対に戦えない…

　もう一度、レガシーP/L を掲げます。この深刻な状況をしっかり理解することが
DX（会社のトランスフォーメーション）を成功させるカギなのです。

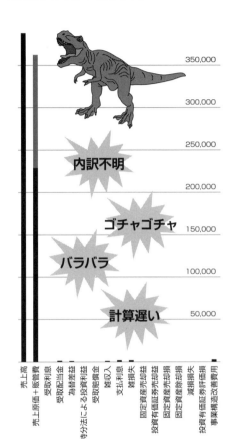

売上高	388,463
売上原価	229,256
売上総利益	159,206
販売費および一般管理費	133,313
営業利益	25,893
営業外収益	
受取利息	443
受取配当金	1,631
為替差益	999
持ち分法による投資利益	73
受取賠償金	45
雑収入	963
営業外収益合計	4,157
営業外費用	
支払利息	2,101
雑損失	2,269
営業外費用合計	4,371
経常利益	25,679
特別利益	
固定資産売却益	108
投資有価証券売却益	16
特別利益合計	125
特別損失	
固定資産売却損	77
固定資産除却損	284
減損損失	283
投資有価証券評価損	7
事業構造改善費用	3,401
特別損失合計	4,053
税金等調整前当期純利益	21,750

✔ 売上原価の内訳や原価差異が不明　　→コストダウンできない
✔ 売上原価と販管費との区別が曖昧　　→費用の逃げ回り
✔ 付加価値と固定費の総額が分からない　→生産性が管理できない
✔ 変動費と固定費の混在　　→損益分岐点がわからない
✔ WACC が表現されない　　→根本責任が達成されない

DX for Manufacturing!!

どちらが生き残るか？

恐竜の道

売上高　　　　　ゼロ在庫、製造業が一番エライ

ー売上原価　　工場叩き、下請け叩き

＝売上総利益　従業員と下請けをもっと叩け

ー販管費　　　管理外の費用、生産性の超低迷
ー営業外費用　本業外の費用

＝経常利益　　最近儲からない、なぜだ？

コストの内訳…見えない
コストの総額…見えない
コスト目標との差異…見えない
事業の付加価値…見えない
ヒトの生産性…見えない
損益分岐点…見えない
WACC達成…見えない
キャッシュフロー…見えない

MAR APR MAR FEB JUN JAN JLY DEC AUG NOV OCT SEP

年次予算

哺乳類の道

売上高　　　　　　モノからコトへ、シェアリングエコノミー

ー材料費　　　　材料費高騰との戦い、安定供給責任
ーエネルギー費　燃料枯渇との戦い、CO_2 削減
ー変動労務費　　過酷な作業からの解放
ー外注加工費　　サプライチェーン合理化
ー外注物流費　　納期の超短縮
ー在庫金利　　　在庫の最適化

＝付加価値　　　付加価値の最大化、社会の支持

ー固定労務費（ヒト）　イノベーション担う人材育成
ー減価償却費（モノ）　IRR を最大化する設備投資
ー資本コスト（カネ）　WACC の達成

＝キャッシュフロー　従業員の成長、会社の成長

コストの内訳…見える！
コストの総額…見える！
コスト目標との差異…見える！
事業の付加価値…見える！
ヒトの生産性…見える！
損益分岐点…見える！
WACC達成…見える！
キャッシュフロー…見える！

MAR APR MAR FEB JUN JAN JLY DEC AUG NOV OCT SEP

脱予算

DX for Manufacturing!!

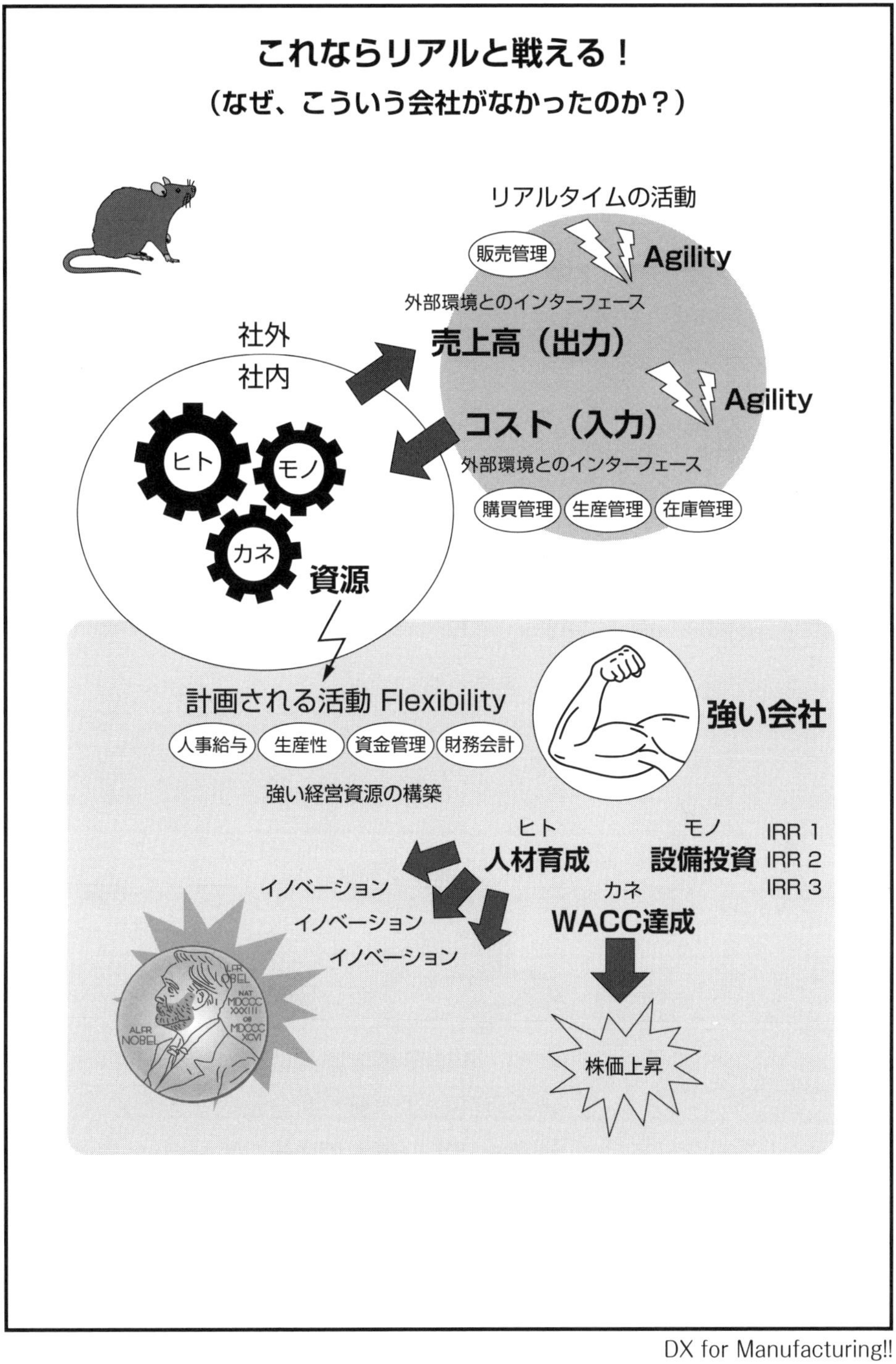

これならリアルと戦える！
（なぜ、こういう会社がなかったのか？）
リアルタイムの活動
販売管理
Agility
外部環境とのインターフェース
売上高（出力）
Agility
コスト（入力）
外部環境とのインターフェース
購買管理
生産管理
在庫管理
社外
社内
ヒト
モノ
カネ
資源
計画される活動 Flexibility
人事給与
生産性
資金管理
財務会計
強い経営資源の構築
強い会社
ヒト
人材育成
モノ
設備投資
IRR 1
IRR 2
IRR 3
カネ
WACC達成
イノベーション
イノベーション
イノベーション
株価上昇

// Summary and conclusion! //

恐竜の道

- ✔ 年次予算の仕組みに安住する DX
- ✔ 会計的な「作業」を自動化しない DX
- ✔ 意思決定の質に無関心な DX
- ✔ 意思決定に使える P/L を作らない DX

哺乳類の道

- ✔ 脱・年次予算に果敢に取り組む DX
- ✔ 会計的な「作業」を自動化する DX
- ✔ 意思決定の質を高める DX
- ✔ 意思決定のための P/L を進化させる DX

DX/M

変える、変わる
最後のチャンス！

From now on, DX Stage!

　いよいよ DX（デジタル・トランスフォーメーション）の実装に取り掛かる時が来ました。ここまでの取り組みで DX のゴールのイメージがしっかり共有され、風通しの良いディスカッションができるようになっていると思います。DX は決して些末な業務改善ではありません。人まねの DX は成功しません。流行に流され WHAT が曖昧なままの DX は会社の致命傷になるでしょう。もちろん GAFA のモノマネをする必要などありません。リアルと戦う製造業には、製造業の DX があるはずです。自分の力で思い描いた理想の会社が実現できるなら本当に素晴らしい！　ぜひ、それぞれのトランスフォーメーションを楽しんでください。

Enjoy Your Own DX!

推進 STEP.10
<u>いよいよ DX を実装する</u>

Never Halt!

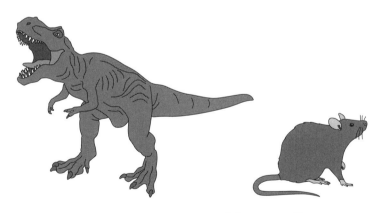

Dinosaur's way ⬅ ➡ Mammal's way

No.142 | タイムラインを確認し、覚悟を決める

◆最初にやるべきこと

　DX の実装に向かって最初にやるべきことは、タイムラインの確認です。そもそも DX 問題の発端は、統合基幹システムである SAP-ERP の保守期限が切れることでした。従来の統合基幹システムが担ってきた機能を、いつまでに、どのようなシステムに、どのような手順で移行していくのかを、大至急決めなければなりません。

　残念ながら、ここまで概観してきたレガシーロジックやレガシーP/L の問題は、今まで明確に認識されてきませんでした。そのため、これらに手当てする新しいシステムの開発（少なくとも既成の会計システムの大幅なチューニング）は遅れています。しかし、いったんIT投資をすれば何十年も使い続けなければなりません。その間、二度と抜本的な経営革新のチャンスはやってこないのです。単純更新に運命を委ねるか？　DX をチャンスと捉え勇気ある一歩を踏み出すか？　どちらにしても覚悟が必要です。

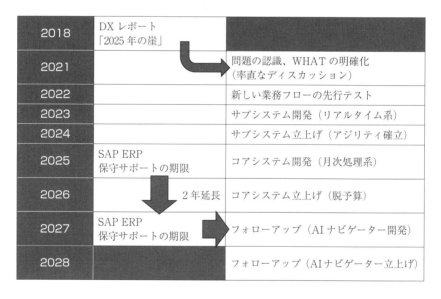

2018	DX レポート「2025 年の崖」	
2021		問題の認識、WHAT の明確化（率直なディスカッション）
2022		新しい業務フローの先行テスト
2023		サブシステム開発（リアルタイム系）
2024		サブシステム立上げ（アジリティ確立）
2025	SAP ERP 保守サポートの期限	コアシステム開発（月次処理系）
2026	2 年延長	コアシステム立上げ（脱予算）
2027	SAP ERP 保守サポートの期限	フォローアップ（AIナビゲーター開発）
2028		フォローアップ（AIナビゲーター立上げ）

2025 年の崖までのタイムラインの目安

DX for Manufacturing!!

| No.143 | 2025 年の崖までの大まかなタイムライン |

◆時間がない！

　もし、DX を経営革新のチャンスと捉え、業務の流れやお金の流れを大きく見直すなら、少し急がなければなりません。DX への取り組みこそが、会社が今後の厳しい時代をアジャイルかつフレキシブルに生き抜くための最初の試金石となるでしょう。

＜2021～2022 年／準備段階＞

　現状の問題点について率直なディスカッションを 1 日も早く始め、会社が目指す姿（WHAT）を明確化しましょう。この WHAT から導かれる新しい業務フローは、IT 投資を待たずに順次先行テストできます。先行テストによって業務フローに破綻がないかを確認し、さらに精緻なものに磨き上げていきます。併せて、新しい業務フローの実現に必要な IT 資源を明確化し、関係者を広く巻き込んでいくこともできます。

＜2023～2024 年／デジタイゼーション段階＞

　新しい業務フローの先行テストの状況も踏まえつつ、いよいよリアルタイム系のサブシステムの開発と展開に着手します。対象となるサブシステムは、売上高（セールス）、変動費（コスト）、在庫（ストック）などです。これらは事業と外部環境とのインターフェースですからアジリティが必要な活動です。取引先の業務フローとの整合性などの制約もあるので、入力データそのものの変更というよりは、入力されたデータをどのように活かしていくかが、主な開発テーマとなるでしょう。

＜2025 年／デジタライゼーション段階＞

　サブシステムのいくつかが立ち上がったら、いよいよ月次処理系のコアシステムの開発に着手します。すでにサブシステムが立ち上がっているので、どのようなデータが、どのような形でコアシステムに流れてくるかは明確になっているはずです。これらのデータをフレキシブルな意思決定にどう繋げるかが主な開発テーマとなります。

＜2026 年／DX 段階＞

　コアシステムが絶対にカバーしなければならないのは、人事給与管理（ヒト）、固定資産管理（モノ）、資金管理（カネ）などです。従来の原価計算（レガシーロジック）を見直して会計処理を合理化・簡素化し、脱年次予算に進みましょう。事業の付加価値管理、生産性管理と人材育成、資本コスト管理、プロジェクト管理などが脱予算の柱になります。

＜2027 年～2028 年／フォローアップ＞

　コアシステムが立ち上がれば、DX/M もおおむね完了です。ここから先はナレッジベースと最新の AI を活かした各種ナビゲーターを開発し、個別業務のさらなる効率化、各システムの使い勝手の向上、意思決定の精度向上などを目指していきます。すでに社内の風通しはすっかり良くなり、事業が直面するリスクや、会社が目指す姿への認識が共有できているはずです。あとは事業を力強く発展させていくだけです！

DX for Manufacturing!!

No.144	推進チームを編成し、対象となる業務プロセスを選定

◆推進チームの編成と、やるべきことの確認

製造業の DX を成功させるカギはトップダウンによる全社的で力強い取り組みです。まずは推進チームを編成し、基幹システムの更新に関する方針を決定し、基幹システムと同時に改修対象となる業務プロセスを選定したうえで、全体スケジュールを決めます。

✔推進チームは事業部門や経理部門の責任者、意思決定ができる役員などで構成
✔今後、会社が向き合う課題を想定し、会社がどんな WHAT を目指すかを明確化
✔基幹システムの更新に関する方針を決定
✔基幹システムの更新と合わせて改修すべき具体的な業務プロセスを選定

◆全体スケジュールの作成

DX を確実に推進するには全体スケジュールを明確化し、いつまでにどんな状態になっているべきなのかを関係者で共有しておかなければなりません（個々の開発の詳細スケジュールは別途作成）。全体スケジュールの策定に際しては、DX の対象となった各業務システムと、それを管轄する部門の一覧表を作成した上で、DX で目指す最終的な姿から逆算したスケジュールを業務システム毎に書き入れていきます。

◆選定されるべき業務プロセス

データがリアルタイムで活用されることを目指すデジタイゼーション段階では、リアルタイム系の各業務プロセスにおけるアジャイルな行動修正の実践を目指します。

※購買管理システム、生産管理システム、在庫管理システム、販売管理システムなど

次のデジタライゼーション段階では、デジタイゼーションでリアルタイム化されたデータが月次処理系の各業務プロセスで活用できるようにしていきます。目標はフレキシブルな意思決定の支援です。その総仕上げが、基幹システムそのものの更新です。

※従来型の、人事給与システム、固定資産システム、財務会計システムなどに加えて、付加価値管理、人材育成、プロジェクト管理、資本コスト管理などの新システム追加

デジタイゼーションとデジタライゼーションを踏まえたデジタルトランスフォーメーションの成果は、脱予算への移行という形で具体的な成果として実感されるでしょう。ここまで来れば、もう 2025 年の崖は心配ありません。様々なディスカッションを通じて活性化した社内のコミュニケーションが、新しいデジタルツールの導入や業務改善のきっかけとなっていきます。一つの業務改善がさらなる業務改善につながっていくというトランスフォーメーションの連鎖を起こしましょう！

DX for Manufacturing!!

No.145 | スケジュール作成と横断チームの編成

◆横断チームの編成

　DX の準備段階はトップダウンの「DX 推進チーム」によって担われますが、DX の実行段階では、組織の壁を超えた「社内横断チーム」が必要になります。既存業務に過度に引きずられてはいけませんが、現場の状況を理解しているメンバーを各部門から募って協力を仰ぐことは、それぞれの参加意識を高めて議論を活発化し、DX をスムーズに着地させるために大切なことです。社内横断チームのトップには経営判断を担える人（例えば役員クラス）が必要です。トップの下にはプロジェクトマネージャーを配置します。プロジェクトマネージャーは DX の必要性を理解し、技術的判断もできる人材でなければなりませんが、必ずしも IT 専門家である必要はありません。プロジェクトマネージャーの下には、各業務プロセスを管轄する各部門の責任者を配置します。既存の情報システム部門は開発業務の推進を担う開発チームとして参加します。

◆詳細スケジュールの作成

　社内横断チームは、全体のスケジュールや新しいコアシステムとの関連性で、個々の業務プロセスをどのような順番と期限で改修していくかを具体的に決定します。この際、選定された各業務システムの使い勝手を悪くしてしまわないためには、

✔ヒアリング等で、業務プロセスの現状の課題についても把握しておきます
✔ユーザーとのコミュニケーションも踏まえてシステム仕様を決定します
✔プロトタイピングでユーザーテストを行った後、適切な方法でリリースします

一般的なコンテンツの説明

	業務改善 DX	一般的な DX	製造業の DX/M
目的	生産性向上	新ビジネス創出	基幹システム更新 付加価値増大
事業への影響	作業工数の削減	既存事業の売上増	Agility の獲得 Flexibility の獲得
スケール感	様々	小から大へ段階的	大規模
スピード感	ゆっくり	早くて小さな成功	2027 年 MUST

様々な DX が目指すゴールの違い

DX for Manufacturing!!

No.146 | 現状課題の把握／業務フローチャートを作る

◆業務フローチャートで、現状の業務の流れを理解する

　各業務システムの現状の課題や使い勝手についてディスカッションする時には、あらかじめ業務フローチャートを作成しておくことが有効です。業務フローチャートは、会社の費用がどのように発生し、収益がどのようにもたらされるのかを示すフロー図です。ヒト・モノ・カネなどの流れを矢印でつなぎ、それぞれの業務プロセスの全体像を視覚的に表現するものです。

◆業務フローチャート作成上の注意点

　業務フローチャートには、それぞれの業務プロセス内でどのようなデータが扱われているかを整理していきます。基幹システムの更新を念頭に置いた場合、DX とはデータの流れを変えていくことでもあるからです。

<業務フローチャート作成の３ステップ>
①対象となる業務プロセスを書き出します（カネの流れ、モノの流れを明確化する）
②その業務プロセスで、誰が何を行っているかの説明を記入します
③誰がどんなデータを登録しているかを記入します

　社内の業務プロセスを１つ１つかみ砕いて整理していくことで、データの流れを見える化しながら、各業務プロセスへの理解を深めることができます。

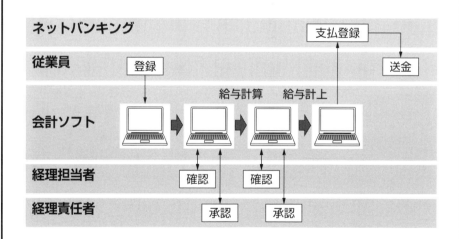

業務フローチャートの例（給与の支払いの場合）

No.147　現状課題の把握／アンケートとインタビューの実施

◆ヒアリングの実施

　業務フローチャートが作成できたら、現状の業務プロセスにどんな課題があるのかを部門ごとにヒアリングしていきます。あらかじめ作成した業務フローチャートを下地にすることで、コストや時間、強味あるプロセスと脆弱なプロセスなどが把握できます。具体的なヒアリング項目としては、「どんな業務を」「誰が」「どんな頻度でどのくらい時間をかけ」実施しているのかを軸にします。短時間でも回数の多い業務、毎日行う時間のかかる業務、稀でも難度の高い業務などと併せ、「今困っていること」も拾い上げていきましょう。こうした情報で業務フローチャートを補完していきます。

◆アンケートとインタビュー

　ヒアリングの実施方法としてはアンケートとインタビューの組み合わせが有効です。まずアンケートを実施し、各部門の業務と課題をある程度把握したうえでインタビューを実施すると効果的です。作業時間が多い業務、頻度が多い業務、困っている業務などについて、あらかじめ質問事項を整理しておきます。業務内容をゼロから説明してもらうのではなく、アンケート結果を踏まえて立てた仮説を踏まえ、その仮説を検証／修正しながらインタビューしていくとさらに効果的です。

＜アンケートを実施するメリット＞

- ✔実際に会わなくても幅広い部門からヒアリングできる
- ✔オンラインアンケートとして行えば、アンケート結果の集計も容易

＜インタビューを実施するメリット＞

- ✔特定の課題について深掘りできる
- ✔非常に困っている／それほどでもない、といった温度感が把握できる

業務内容	どんな業務があるかを書き出してもらう（日次／月次／年次）
担当者	各業務を実際に担っている担当者を書き出してもらう
作業頻度	各業務をどんな頻度で行っているかを書き出してもらう
作業時間	各業務にかかっている時間を書き出してもらう
使用ツール	その業務を行うために使っているツールがあれば記載してもらう
抱えている課題	業務において不便に感じていることがあれば、書き出してもらう

ヒアリング項目の例

No.148 現状課題の把握／実行にむけたビジョンの策定

◆ヒアリングで明らかになったことの整理

　アンケートやインタビューで各部門の業務プロセスと課題を把握できたら、作業時間が多い業務、頻度が多い業務、特に困っている業務などについてまとめます。

1. 面倒に感じる作業	業務遂行に欠かせないが、面倒に感じる業務
2. 課題の大きさ	面倒に感じる業務が占める割合
3. 現在の解決方法	現在はどんな工夫をしているか
4. 苦痛を取り除く糸口	どう解決したら良いと思うか
5. 利用環境の確認	今はどのような業務システム、ツールを使っているか？

◆業務フローに課題を書き込む

　課題が抽出できたら業務フローに書き込みます。課題は2つの視点で抽出します。

＜トップダウンの視点＞

　これは事業が目指す WHAT を実現するために、各業務プロセスがどうあるべきかという視点です。入力されたデータがリアルタイムで処理され、適切な業務判断に繋がることを目指します。各サブシステムに入力されたデータはコアシステムに引き継がれ、経営資源に関わる意思決定を支える基礎データになっていくからです。

＜ボトムアップの視点＞

　入力担当者や利用者の視点で使い勝手を向上していくことも、大切な目標です。

◆データの流れと繋がりの把握

　課題が記入できたら、各業務プロセスとデータの流れの関係が分かるようにするため、アンケートやインタビューで把握した部門ごとのシステムやツールの情報を追記し、さらにデータの流れを追記していきます。
- ✔各業務がどのようなシステムやツールで行われているか
- ✔データ同士がどう繋がっているか
- ✔データを蓄積している場所がどこか

◆理想のビジョンを描き、現状とのギャップを確認

　課題を踏まえて目標とする理想のシステム像（WHAT）を明確化し、現状とのギャップを確認します。ギャップが確認できたら解決の方法と取り組みの順番を検討します。業務プロセスにおけるデータの吸い上げが十分に進んでいない場合、デジタイゼーションへの取り組みを先行させなければならない場合があります。

DX for Manufacturing!!

No.149 | 仕様の決定／製造業の DX は、ここが違う！

◆業務システム開発と一般的な DX の違い

　従来の業務システム開発は、各担当者からのバラバラの要望に応える形で業務効率化を行うものでした（機能ファースト）。その結果、システムが複雑化し、誰も使わない機能が増えてしまったとも言われます。これに対して DX（いわゆる一般的な DX）では、さまざまな目的で利用できる形でのデータ収集を先行させながら各業務プロセスを効率化していくとされます（いわゆるデータ・ファースト）。

◆一般的な DX と、製造業の DX/M の違い

　一般的な DX には、単なる業務改善を超えたデジタルビジネスの創出や事業競争力の回復など壮大な期待も寄せられています。しかし製造業を想定する場合、こうしたタイプの DX にはいくつかの問題点もありました。

- ✔自社製品や工場・研究開発などのリアルを抱えた製造業が製造業である限り、全てを捨てて 100 ％デジタルビジネス化を目指すというわけにはいかない。
- ✔社会経済的にも、誰かがリアルを支えなければデジタル世界は成立しない。
- ✔発端は SAP　ERP の保守期限問題であり、お金の流れをどんなシステムにどのように置き換えていくべきなのかが、まず議論される必要がある。
- ✔お金の流れ（例えば年次予算）を変える仕組みを作らなければ、会社の経営管理は本質的にトランスフォーメーションされない。
- ✔トランスフォーメーション後のイメージなしに IT 機器を導入し、小さな業務改善を重ねても、デジタルビジネスは創出されず、製造業の競争力も回復しない。
- ✔「データ・ファースト」とは言われるものの、多くの製造業でデータがあるのに有効に活かされていないというのが実態に近い。

そこで製造業は、一般的な DX とは違った視点でシステム開発する必要があります。

①業務効率化	②一般的な DX	③製造業の DX／M
機能ファースト	データ・ファースト	マネーフロー・ファースト MUST
業務改善	デジタルビジネス創出（？）	トランスフォーメーション MUST
ボトムアップ	ボトムアップとトップダウン	トップダウン MUST

一般的 DX と製造業の DX、入り口の違い

DX for Manufacturing!!

No.150 仕様の決定／仕様書の作成ポイント

◆仕様書とは何か？

　会社が目指す WHAT や、現行システムの使い勝手の問題などが抽出されたら、各システムのあるべき姿を構想・整理し、仕様書を作ります。仕様書は業務システムごとに作成します。各業務システム上の課題を、具体的にどういう機能で解決するかをまとめます。ここでは仕様書と設計書の違いに注意しましょう。

仕様書（WHAT の世界）	設計書（HOW の世界）
「何を作るのか？」を明確にする資料	「どうやって作るか？」を明確にする資料
開発の着地点が書かれている	開発の過程が書かれている
作成には技術的知識は不要	作成には技術的知識が必要

　仕様書は、本来は発注者であるユーザー企業が作るべきものです。しかし WHAT のイメージはできていても、要件定義や基本設計についての知識がユーザー企業側に不足している場合、委託開発によってベンダーと一緒に仕様書を書き上げていくこともあります。この仕様書に基づきベンダーが設計書を作成していきます。

◆良い仕様書とは？

　システム開発の成功には良い仕様書が不可欠です。その作成ポイントは以下の通りです。
①プレゼン資料と企画書を混同しない。ただしユーザー企業側に経験が少ない場合、プレゼン資料等に基づいて、ベンダーと一緒に仕様書を書き上げていくことはある。
②図やイメージ図などのビジュアルも用意する。
③画面遷移のイメージを作っておく。画面遷移はシステムの使い勝手に直結するのみならず、設計そのものにも大きな影響を与える。仕様を考える際の整理にもなる。

トップダウンが MUST な理由

No.151	開発の実施／要件定義を丸投げしない

◆ユーザー企業とベンダー企業とのあるべき関係

　ユーザー企業は、クラウド、モバイル、AI、アジャイル開発、DevOps 等の最新技術を取り入れるため、自社のリソースだけではなく、ベンダー企業とのパートナーシップを強化していくことになるでしょう。この時、発注企業とベンダー企業間の契約のあり方については、一定の注意が必要となります。

＜ウォーターフォール開発の場合の注意＞

　ウォーターフォールは、最初に設計したスケジュールや仕様通りに開発を進めていく手法です。仕様やスケジュールが明確になるのでトラブルになりにくい反面、後戻りができないので途中で新しいニーズを取り込めないというデメリットがあります。
　発注側がベンダーに仕様決定を丸投げしてしまうケースも少なくないので、要件定義の過程と設計開発の過程をしっかり分離し、発注側が仕様（WHAT）の確定に責任をもって参加し、ベンダーに丸投げしないようにする必要があります。

＜アジャイル開発の場合の注意＞

　アジャイルは、細かい機能単位で順次にリリースし、ユーザーの反応を見ながら改良を繰り返していく手法です。ユーザーとベンダーが基本契約を締結した後、小さな単位（機能単位、リリース単位など）ごとに、個別契約を順次締結していきます。
　アジャイルは、ウォーターフォールにおける後戻りできないという欠点を補う手法ですが、仕様（WHAT）や開発期間や責任関係が曖昧になりがちというアジャイル開発の特徴をユーザー企業側が正しく理解していない場合、期間内に成果物が完成しないといった理由でトラブルになることがあります。ユーザーとベンダーの双方がアジャイル開発について共通の認識を持っていることが重要です。

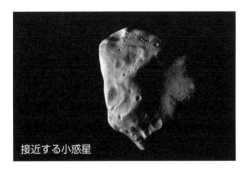

接近する小惑星

会社はどこへ向かうのか？

（WHAT）

丸投げ禁止！ 自分の未来

No.152 プロトタイプを使って検証する

◆プロトタイピング

実現を目指している機能が、意図した通りにできているかの確認に活用される手法がプロトタイピングです。何らかの模型を作り、実際の動きを検証していきます。

＜メリット＞

早期に目に見える形でプロトタイピングすることで、最終的にどういうシステムになるのかユーザーが予想できる。その結果、ユーザーとベンダーの間で有効なコミュニケーションが促進される。コミュニケーションが適切に行われれば、手戻りが少なくなり開発費用が抑えられる場合がある。

＜デメリット＞

プロジェクトマネジメントが困難であり、大規模な開発には不向きとも言われる。また、ベンダーやユーザーがユーザインタフェースに過度に埋没してしまい、システム本来の開発目的である業務プロセスの検討が、疎かになる場合がある。

◆プロトタイピングの手法

①画面項目の確認

画面の枠組みだけを表した図（ワイヤーフレーム）を用いて画面項目を確認していく方法です。紙とペンだけでできるので安価です。どの画面にどんな機能や項目表示が必要なのか、次にどの画面に遷移するのか、などを確認します。

②デザインの確認

デザインのたたき台となるもの（デザインカンプ）を作成し、実際の画面のイメージを確認していく方法です。ワイヤーフレームにデザインが加わったものであり、ボタン配置や色合い、トンマナなどのビジュアル面について確認ができます。

③画面遷移の確認

デザインカンプを HTML で構築したもの（HTML モック）を作り、デザインのみならず具体的な動きも検証します。画面遷移した時の実際の動作、入力フォームの動作など、ほぼ実際のシステムと変わらない確認作業ができます。

④一部機能の確認

一部の機能を実際に開発して検証をします。例えば項目数の多い画面を開発して実際にユーザーに入力してもらい、その時の動作を検証するなどです。有効性は高いですが、プロトタイプの中では最も手間がかかるやり方です。

No.153	リリースを成功させる

◆業務への影響やリスクを軽減するリリース方法

稼働中の業務システムがある場合、トラブルを回避するためには入念な切り替え準備が必要です。

＜一斉切り替えの場合＞

一定のタイミングで完全に新システムに切り替える方法です。効率が良い反面、障害時の対応方法など、リリース実行までに準備すべきことは多くなります。

＜一部機能リリースの場合＞

まず一部機能のみ新システムに切り替えてから、順次新システムへの切り替えを進める方法です。アジャイル開発に有効で、段階的に機能を作るのでリリースのタイミングが調整でき、小さく早くリリースすることで、リスクを軽減することもできます。

＜並行稼働の場合＞

しばらくの期間、現行システムと新システムを並行して稼働する方法で、新システムの使い勝手を確認してから移行できるメリットがあります。リスクが少ない反面、現場の作業やデータの取り扱いが煩雑になるデメリットがあります。

◆業務切り替えは二度リハーサルを行う

業務切り替えのリハーサルは少なくとも二回計画しておきましょう。一回目はリハーサルのリハーサルという位置づけで実施し、二回目が本番に向けたり最終的なハーサルとなります。一回目のリハーサルでうまくいったことや失敗したことを参考に、本番のリリースと同じスケジュールで実施します。

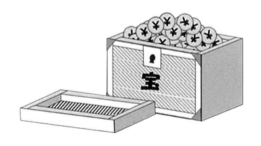

レガシーシステム
レガシーロジック
レガシーP/L
レガシーB/S
レガシー予算
レガシーマインド

手付かずの宝を掘り起こそう！

// Summary and conclusion! //

恐竜の道

✔ ベンダーに要件定義を丸投げする DX
✔ 未来への会話が始まらない DX
✔ 企業文化の革新につながらない DX
✔ 経営トップが無関心な DX

哺乳類の道

✔ 要件定義がしっかりできた DX
✔ 未来への会話が始まる DX
✔ 企業文化の革新につながる DX
✔ 経営トップが主導する DX

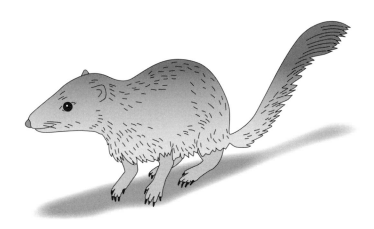

Survive as Mammals!

2025年の崖と2060年の壁

　昨今の社会情勢は本当に厳しくなった。異常気象が増えて、地球環境のために CO_2 を削減しろと言われる。国際情勢はますます緊迫している。少子化も深刻だ。経済には力強さがない。そこにもって今度はDX（デジタル・トランスフォーメーション）ときた。2025年の崖だと追い立てられ、対応を迫られる。いったいどうしたらよいのか？　今まで、デジタルを語る人はデジタルだけを語り、環境を語る人は環境だけを語り、経済成長を語る人は経済成長だけを語った。それぞれの話は理解できても、全体像が見えない。明るい未来が見えてこない…。

　実は、全ての問題は繋がっていた。どれか一つだけを選んで解決すればよいわけではなく、全てに同時に取り組まなければならない。だから難しい。だから面白い。だからこそ新たな競争力の源泉になる可能性がある。そして、こうした多くの問題を解決するための最強のツールがDXだ。DXは厳しい時代を生き抜く手段であって、決して目的ではない。

　しかしDXは誤って説明されてきた。とにかくD（デジタル化）をやればX（トランスフォーメーション）は見えてくるというのは絶対にウソだ。そんなDXに踊らされて道を間違えたら、取り返しがつかない。DXでどんなに最先端のIT機器を導入しても、そこに乗せるお金のロジックがレガシーなら会社は蘇らない。そして、いったん巨費を投じてロジックを固定してしまったら、それを今後数十年は使い続けなければならないのだ。ロジックを変えるチャンスは2度とやってこない。そもそもDXが目的だと思うから、面倒で厄介なことと感じる。誰かに言われて、嫌々やるDXは絶対に成功しない。人まねのDXや業者丸投げのDXも成功しない。今改めて、強い会社とは何かを考え、会社のトランスフォーメーションを楽しむべきだ。良い会社、理想の会社を最新のデジタル技術で作るのだと考えたら、これほどワクワクすることがあるだろうか？　その理想の会社で、社会の不安を解消するのだと考えたら、これほど誇らしいことがあるだろうか？

そこで、常々考えていた「こんな会社があればよいのに！」を書き上げてみた。ハードルは決して低くはないと思う。でも、ぜひ忘れないでいただきたい。これからどれだけ厳しい時代がやって来るかということを。製造業は常にリアルから逃げられない。経済も、異常気象も、資源確保も、国際政治もとても厳しい。そして適切な準備をした会社としていなかった会社では、決定的な差がつくだろう。

　DX に限らず、先端技術（特に IT）の未来を考える時、HOW（どうやってやる）ばかりが語られ、WHAT（何をやる）がほとんど語られてこなかった弊害を感じる。だからこそ、壮大な改革だったはずの DX がいつの間にか些末な業務改善で終わってしまったりする。また新しいレガシーができあがってしまう。しかし DX は、会社を救う最後のチャンスだ。決して DX をちっぽけな業務改善で終わらせてはならない。生き残りを賭け、会社の根本(WHAT)を変えるために全力で取り組むのが DX(HOW)なのだということを、改めて心に刻んでいただけたらと思う。

2021 年 9 月 9 日

吉川武文

強い会社

吉川武文
公認会計士 ～ ネットワークスペシャリスト ～ グローバル企業工場長

　東京工業大学・工学部修士卒。複数の大手メーカーでコストダウンや工場再生、自動化の推進、製品開発などに従事。生産革新の成果によりプレジデント表彰を受けるなど、30年におよぶモノづくりの豊富な実地経験と成果を有する異色の公認会計士、ネットワークスペシャリスト。出願特許は約100件。宇宙飛行士選抜に2回挑戦した経験を持つ気象予報士であり、CO_2排出削減に取り組むエネルギー管理士でもある。

　従来のコスト管理、生産性管理やマネージメントの在り方に疑問を感じ40歳の頃に会計士を志す。独学で会計士試験に合格した後、監査法人トーマツのマネージャーなどを経て財務監査、基幹システム監査、省エネ審査、国連のCO_2排出権の審査などに従事。「数字を作る立場」「数字を実際に使う立場」の両面から会計と経営を考えることのできる風変わりな会計士（付加価値の会計士！）。会計士登録後はスウェーデンのグローバル企業の日本工場長として実地に工場のオペレーションを担いながら、新しい会計の考え方に基づく経営革新や人材育成を実践。公認会計士協会内での原価計算講座の講師なども務め、本気で業績回復を目指す新たな国内のフィールドと同志を募っている。(t.yoshikawa@ms01.jicpa.or.jp)

　技術と会計と人を愛し、国内産業の新たな成長の可能性を確信する。日本中の現場で「技術者だったのになぜ会計士？」と問われる度に、「コストの知識なくしてコストダウンはできません。生産性も改善できないのです」と繰り返し説明しなければならない日本のモノづくりの現状を変えたいと強く願う。大切にしている言葉は「勇気と感謝」、信条は「ヒトはコストではなく資源」著書に『図解！製造業の管理会計「最重要KPI」がわかる本』『演習！本気の製造業「管理会計と原価計算」』など12冊。

厳しい時代を生き抜く
DXで！

図解！ 本気の製造業
「DX 推進のお金の流れと原価管理」

NDC 336.84

2021 年 10 月 28 日　初版 1 刷発行
（定価はカバーに
表示してあります）

Ⓒ　著　者　吉川　武文
　　発行者　井水　治博
　　発行所　日刊工業新聞社
　　　　　　〒 103-8548
　　　　　　東京都中央区日本橋小網町 14-1
　　電　話　書籍編集部　03（5644）7490
　　　　　　販売・管理部　03（5644）7410
　　Ｆ Ａ Ｘ　03（5644）7400
　　振替口座　00190-2-186076
　　Ｕ Ｒ Ｌ　https://pub.nikkan.co.jp/
　　e-mail　info@media.nikkan.co.jp
　　印刷・製本　美研プリンティング㈱

落丁・乱丁本はお取り替えいたします。　　2021 Printed in Japan
ISBN 978-4-526-08162-0　C3034

モノづくりを支える「管理会計」の強化書

吉川　武文　著
A5判280頁　定価2420円(本体2200円＋税10%)

「会社は何を目標に活動すべきなのか？」「会社の事業と技術開発活動をどのように整合させるか」など、会社の事業には、すべて会計的な知識が必要。本書は、会社の事業運営に活かすために注目されている「管理会計」の基礎知識について、製造業で働く人のために、物凄くわかりやすく紹介する本。適切な管理会計の仕組みを理解し、会社を「強化」しよう。